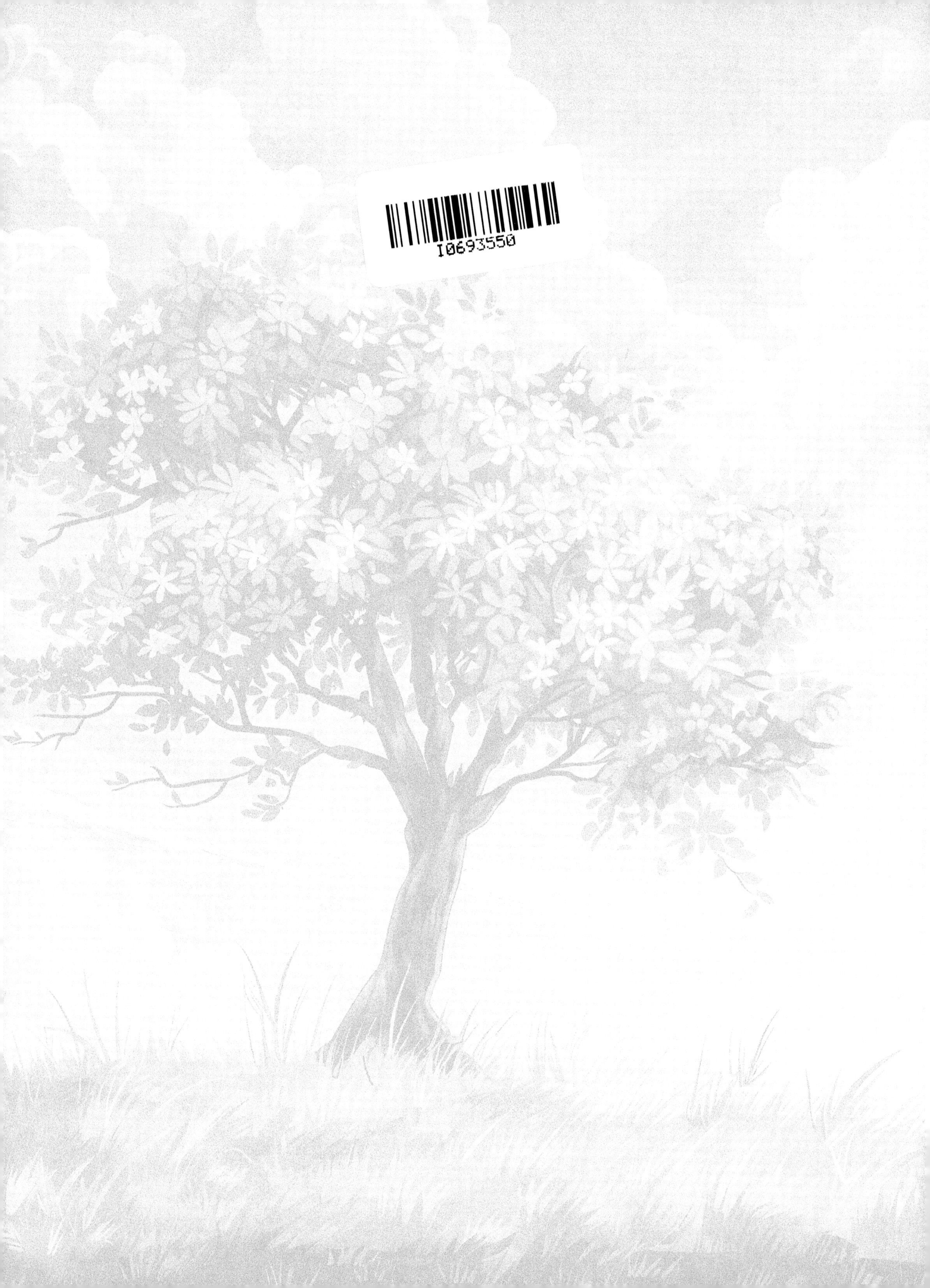
I0693550

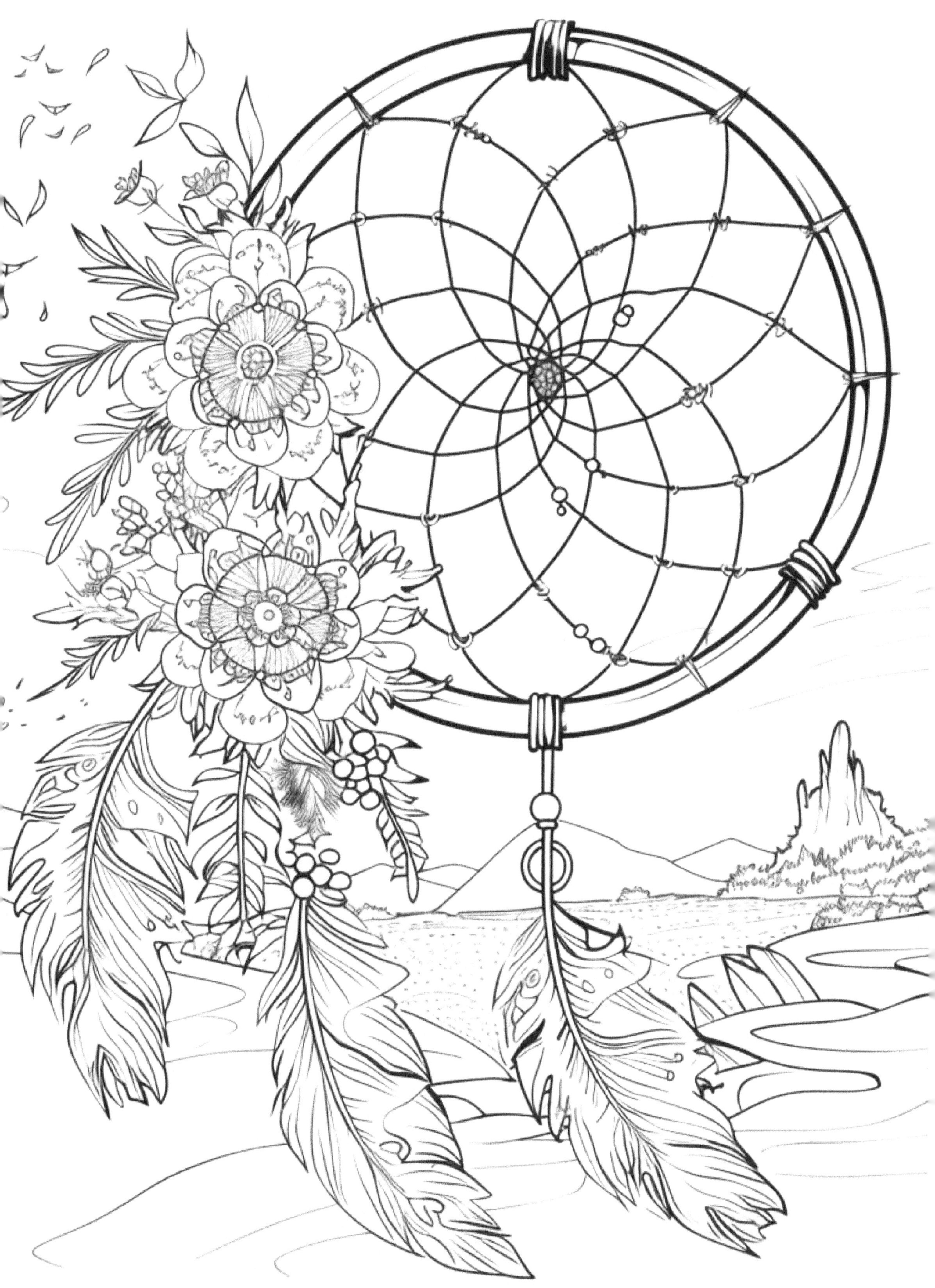

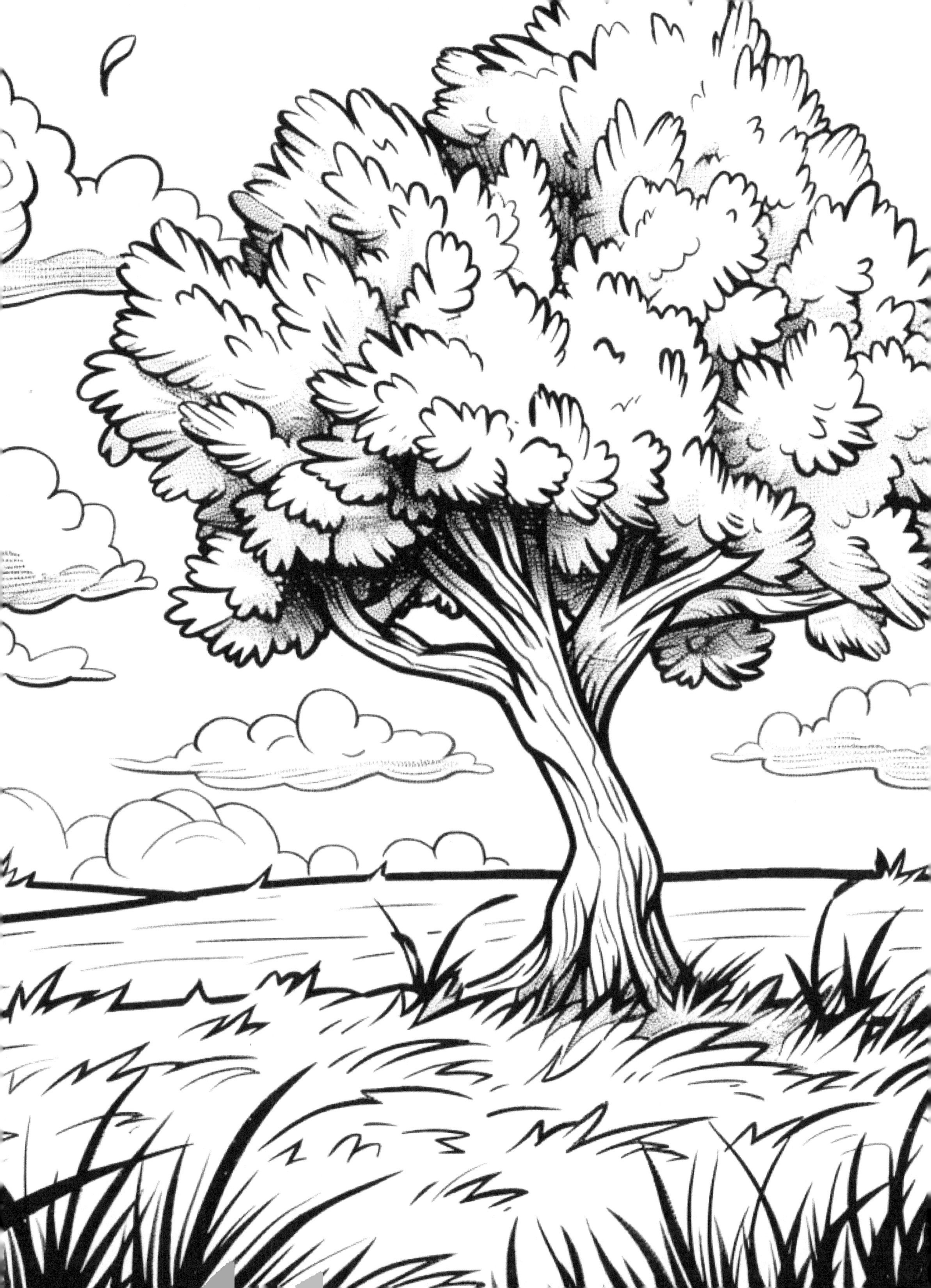

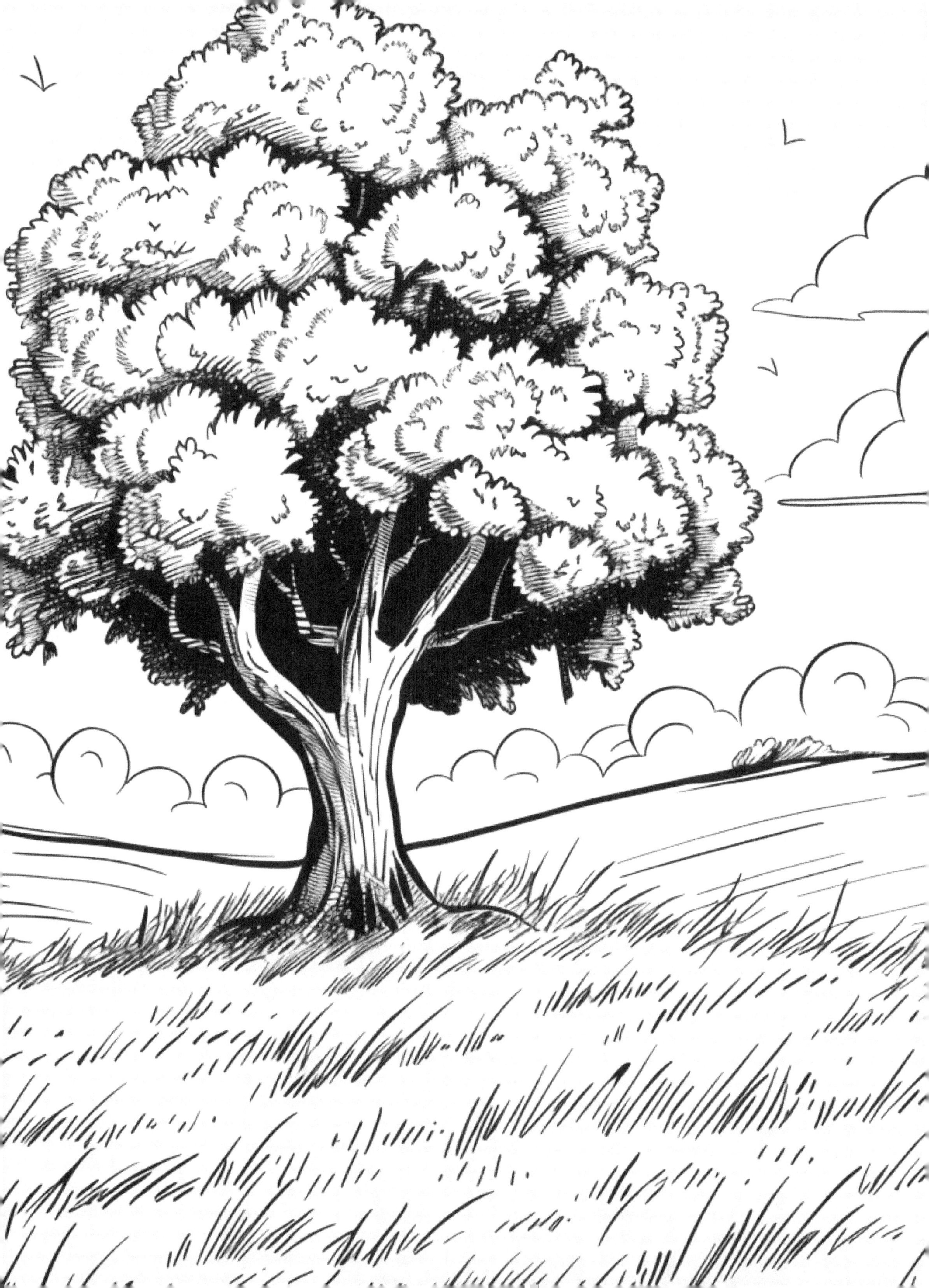

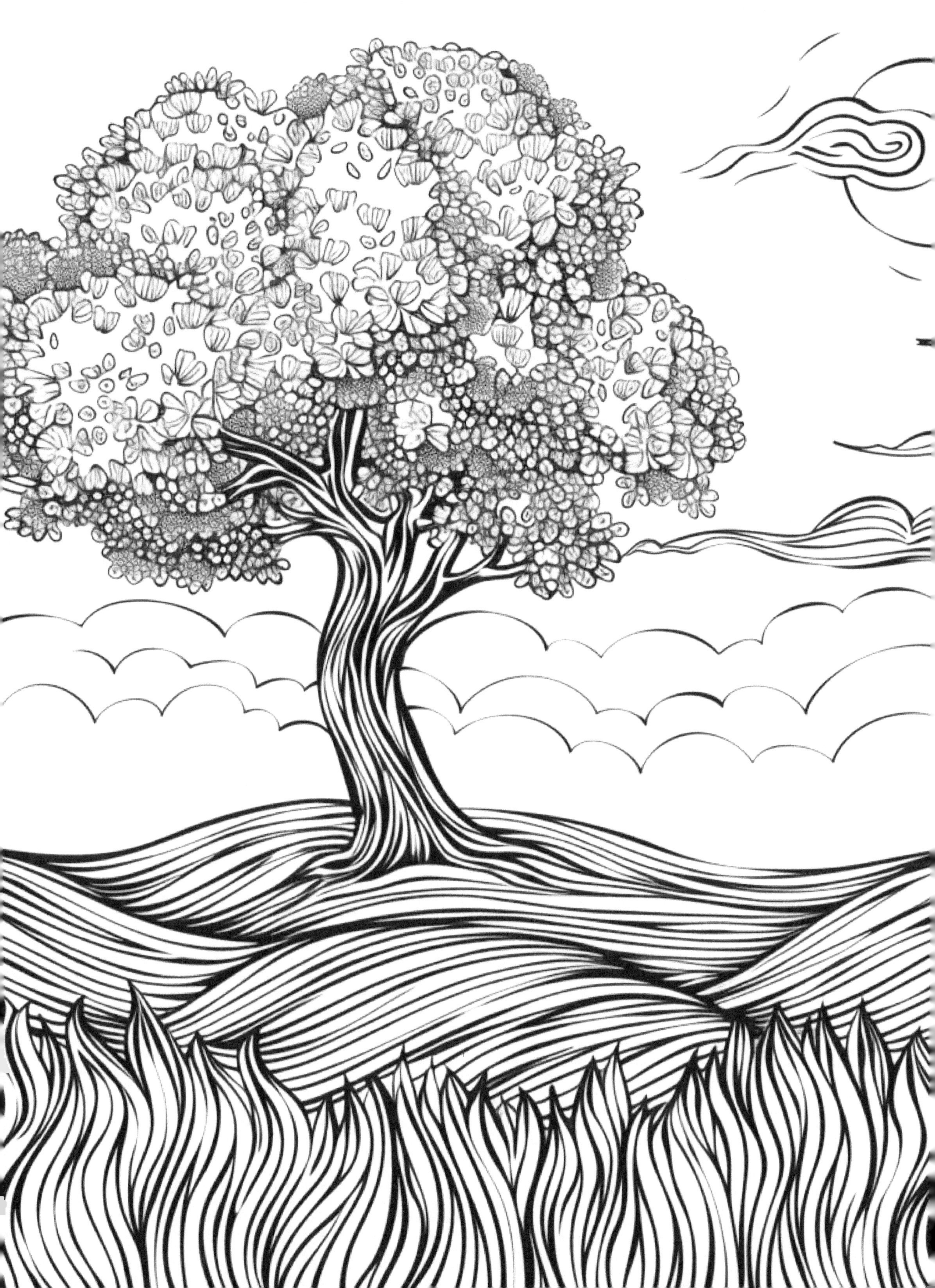

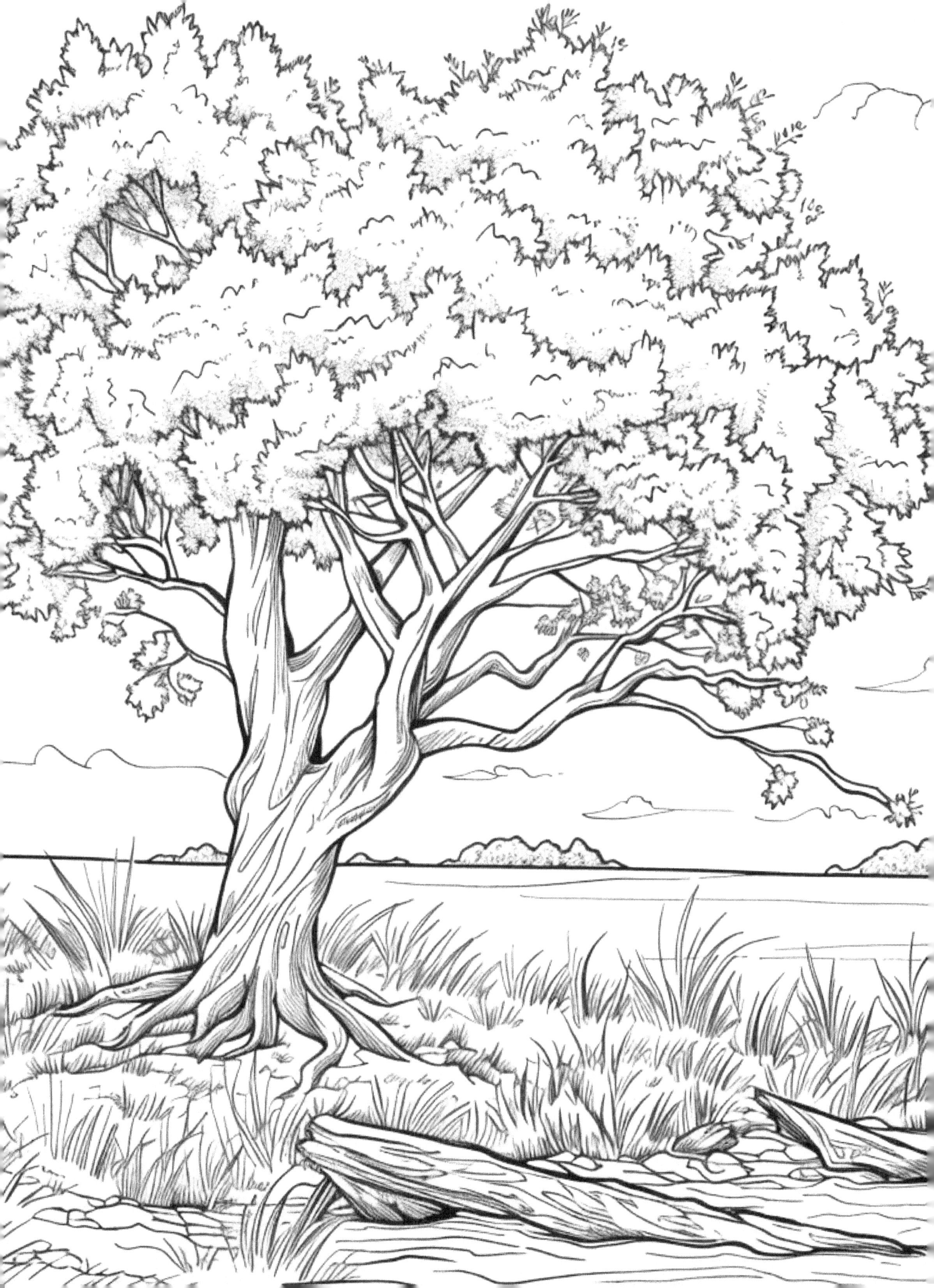

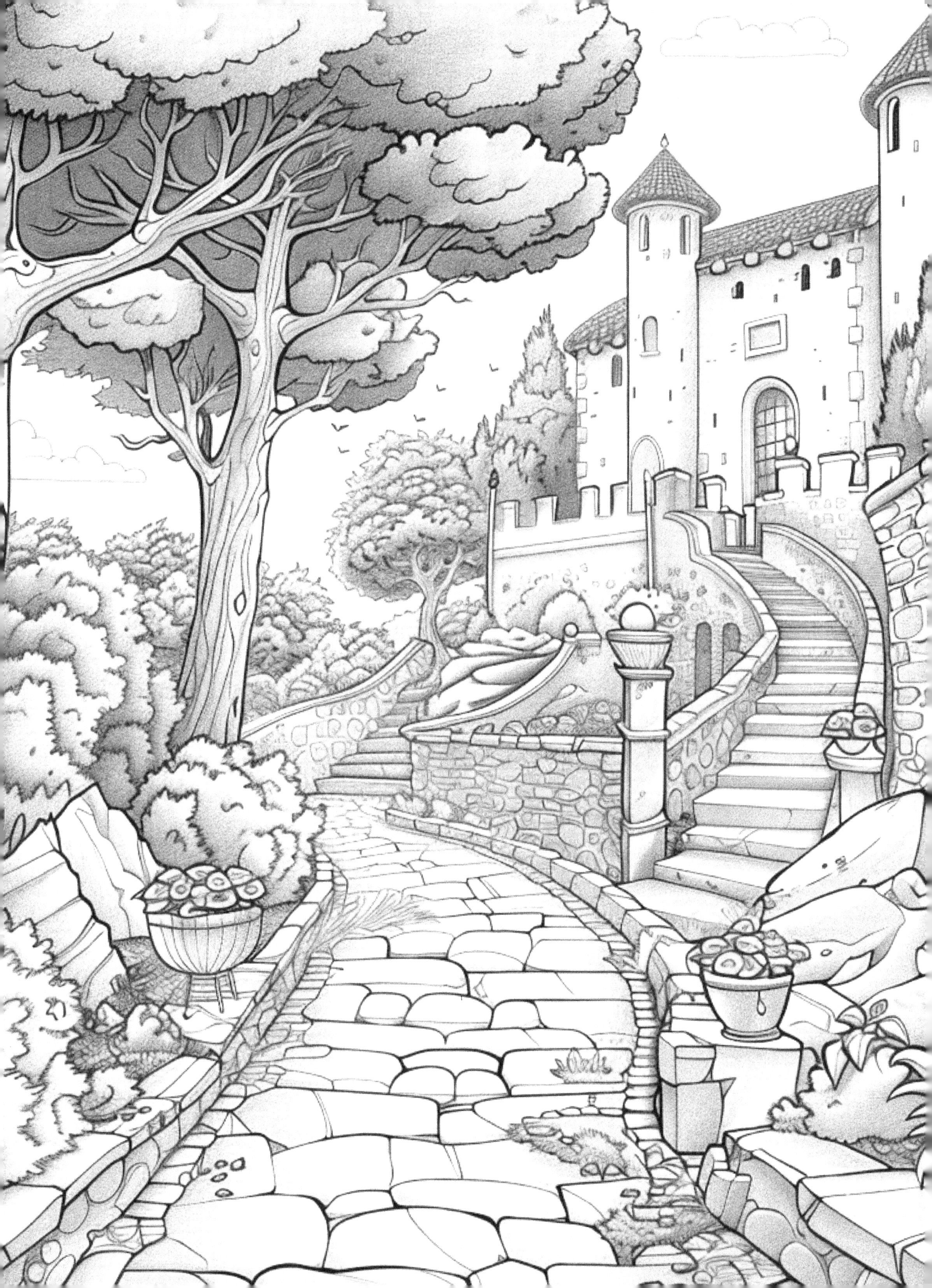

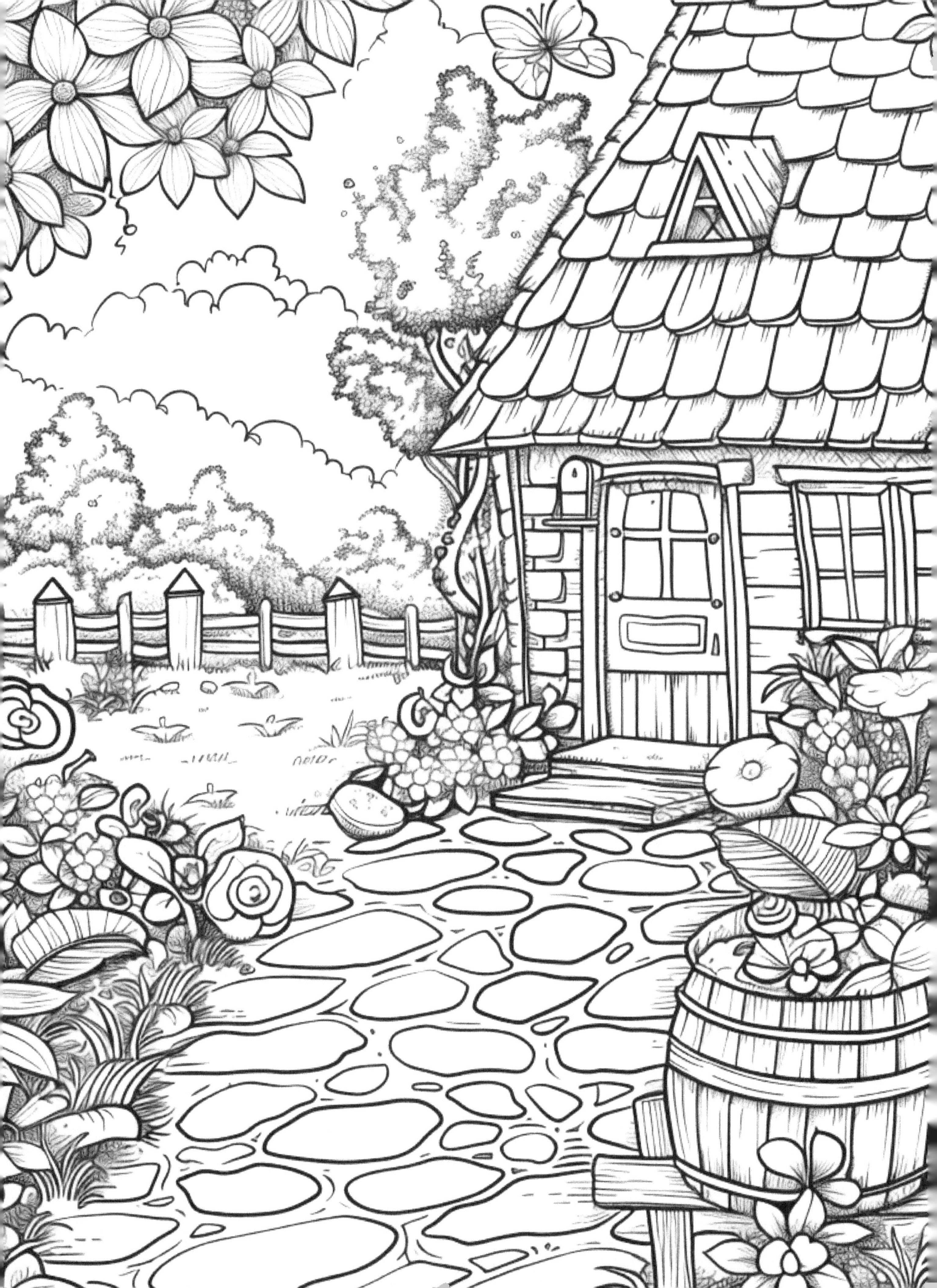

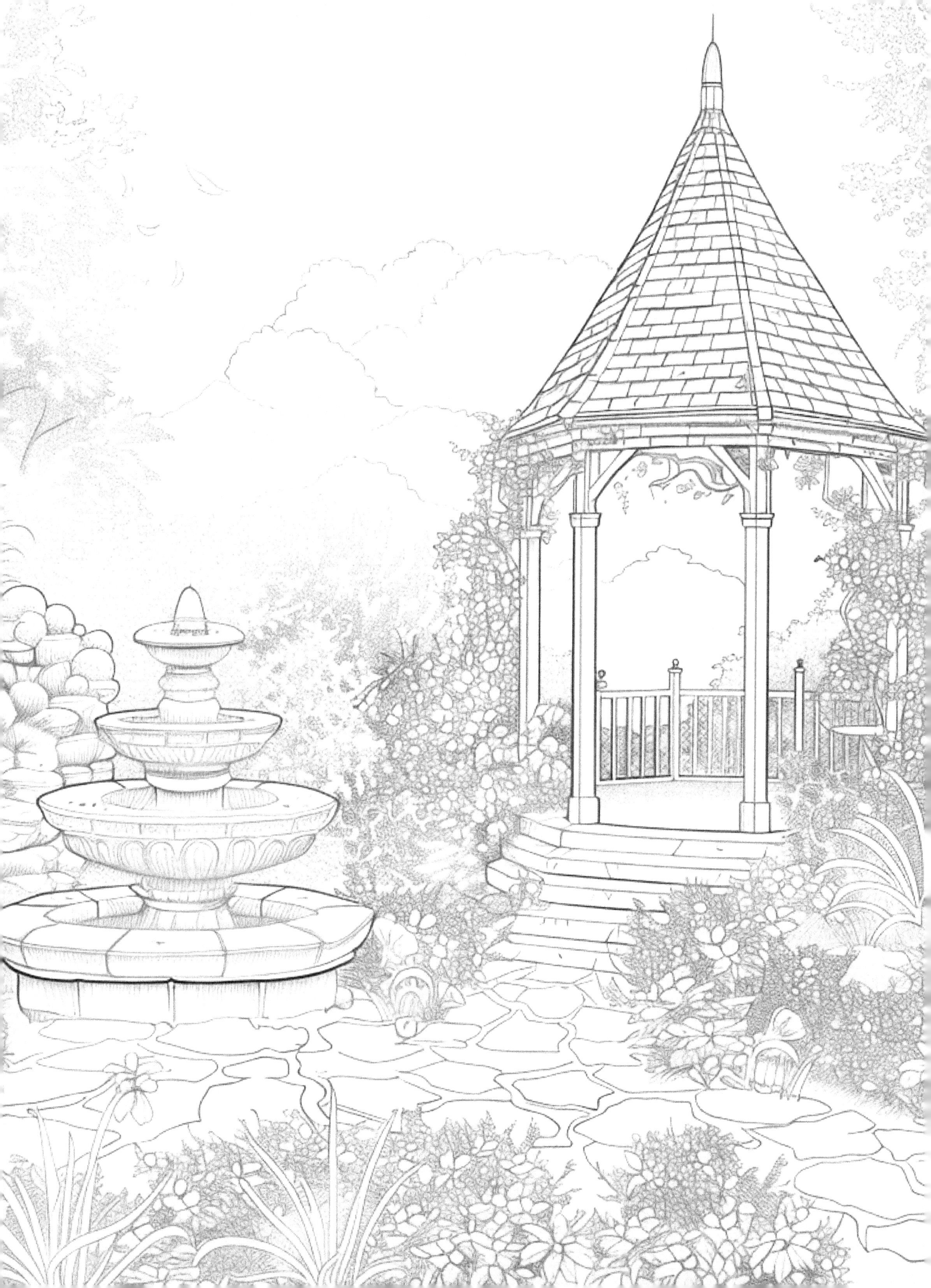

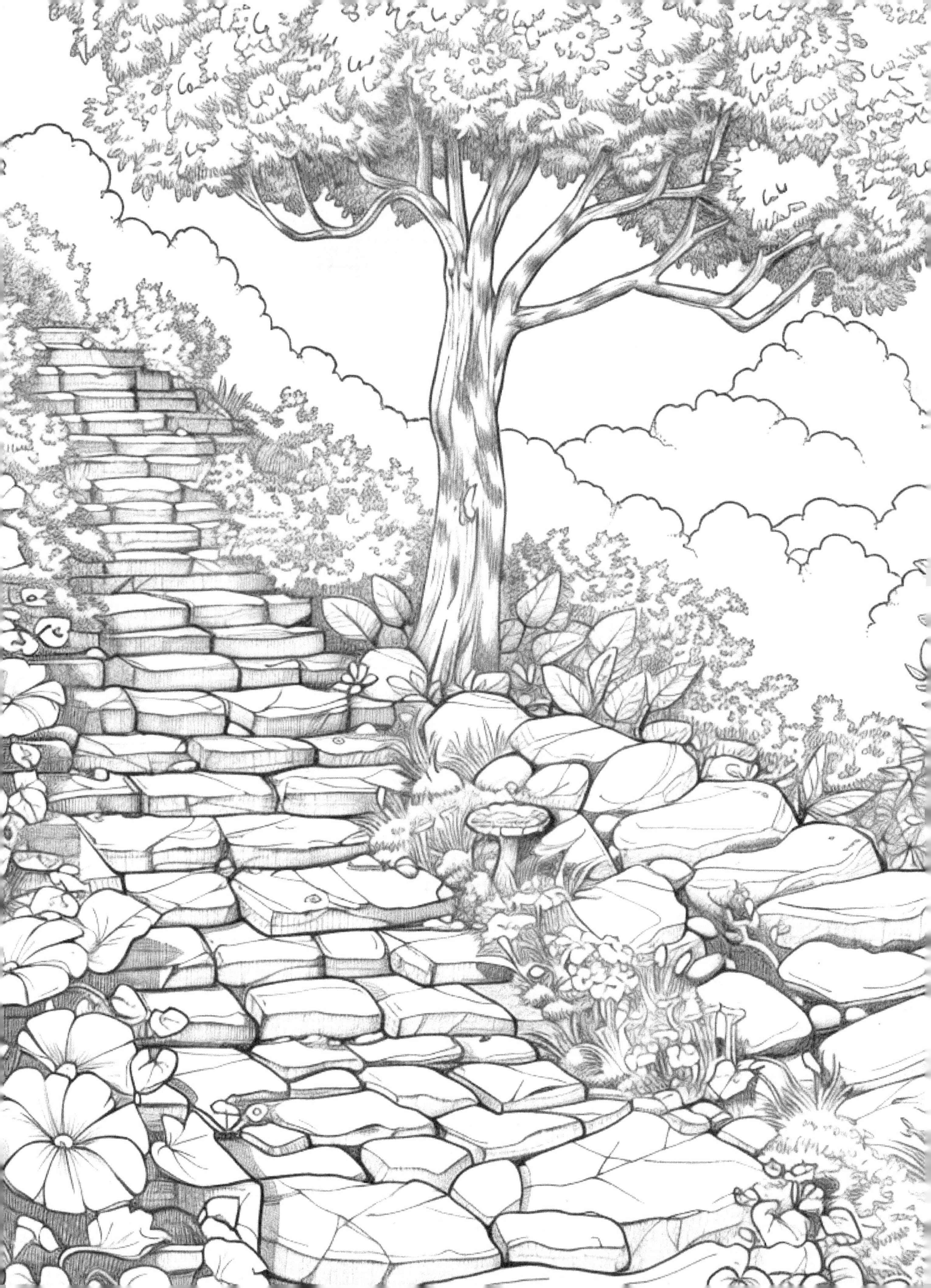

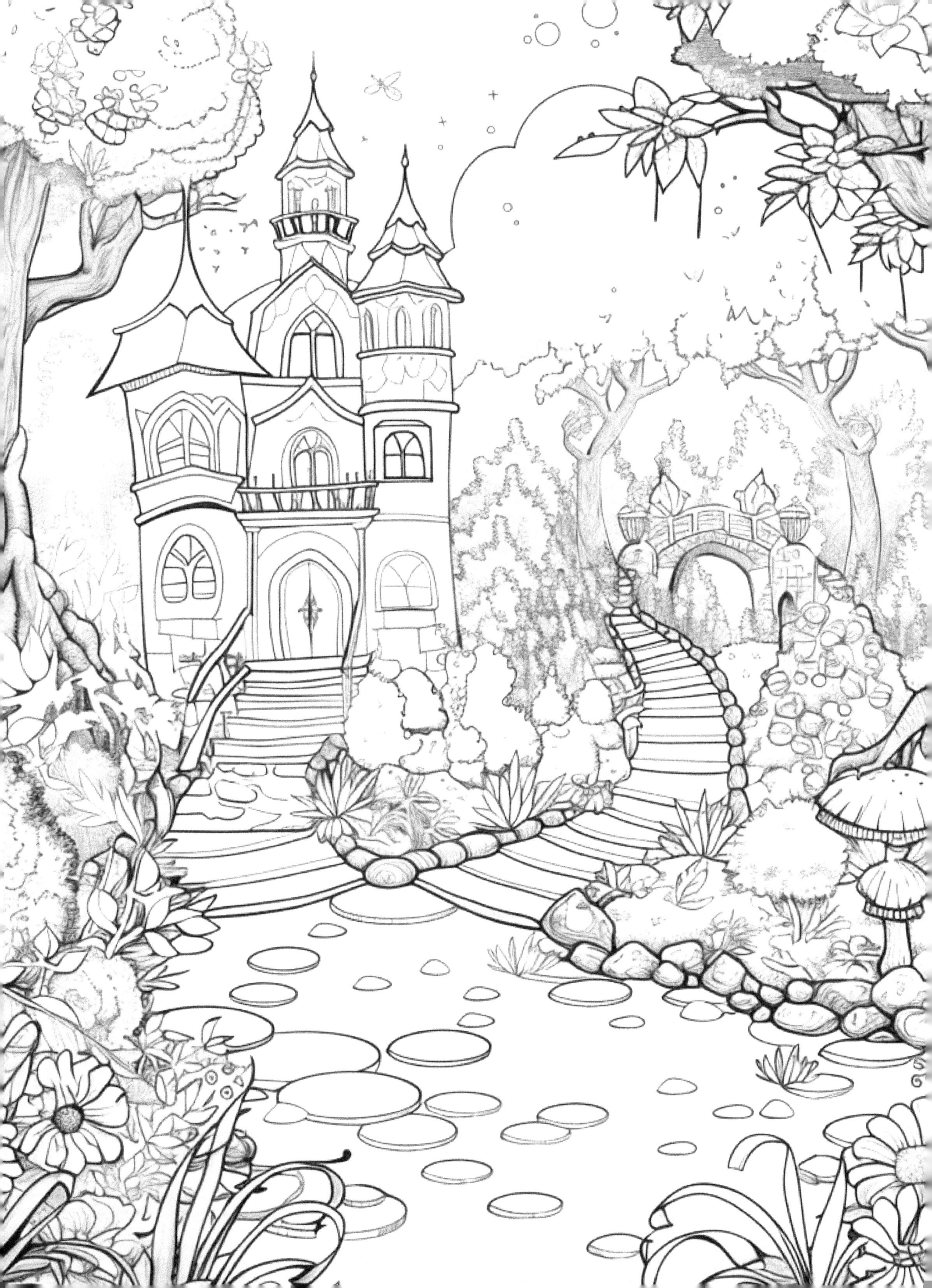

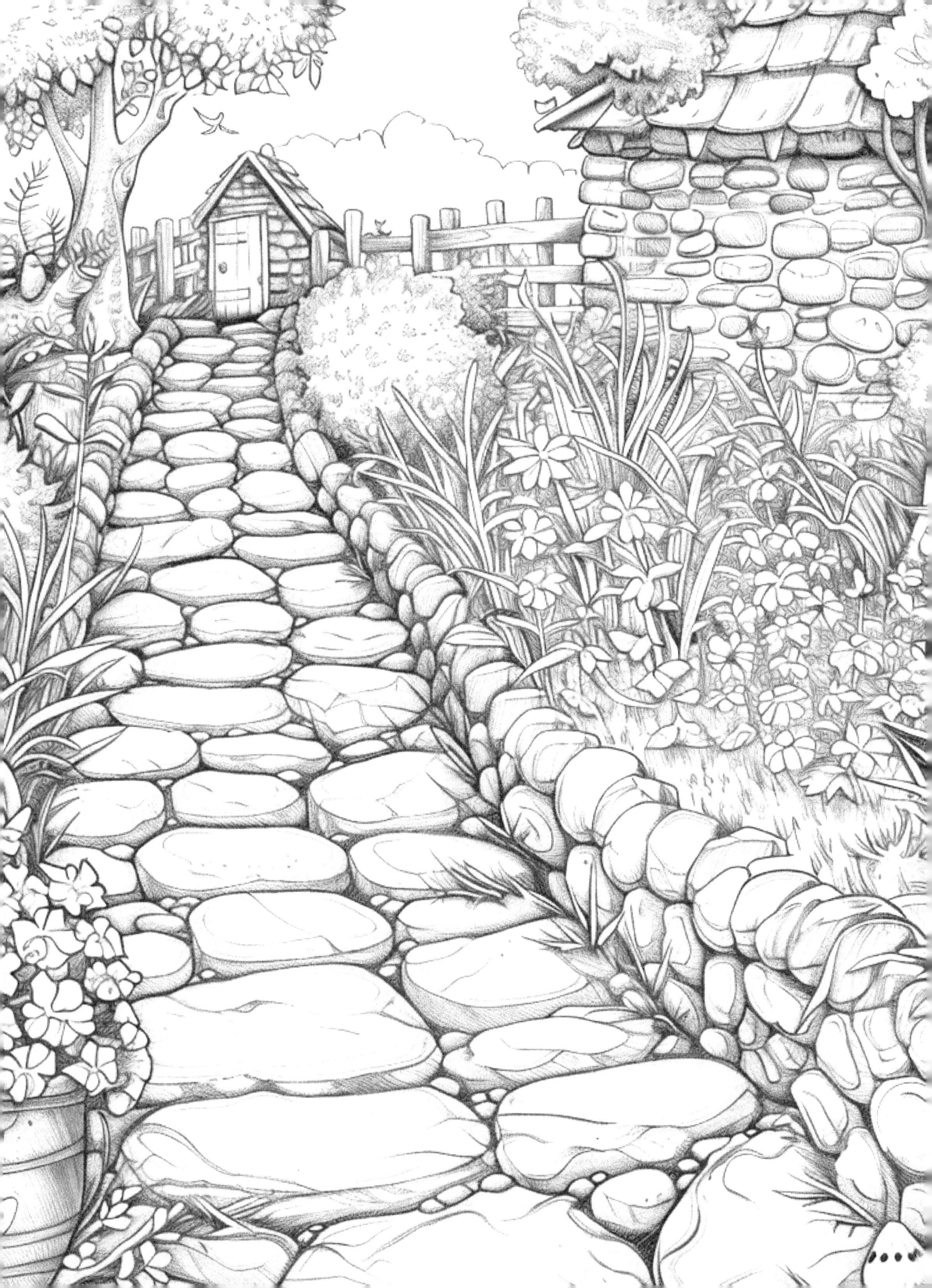

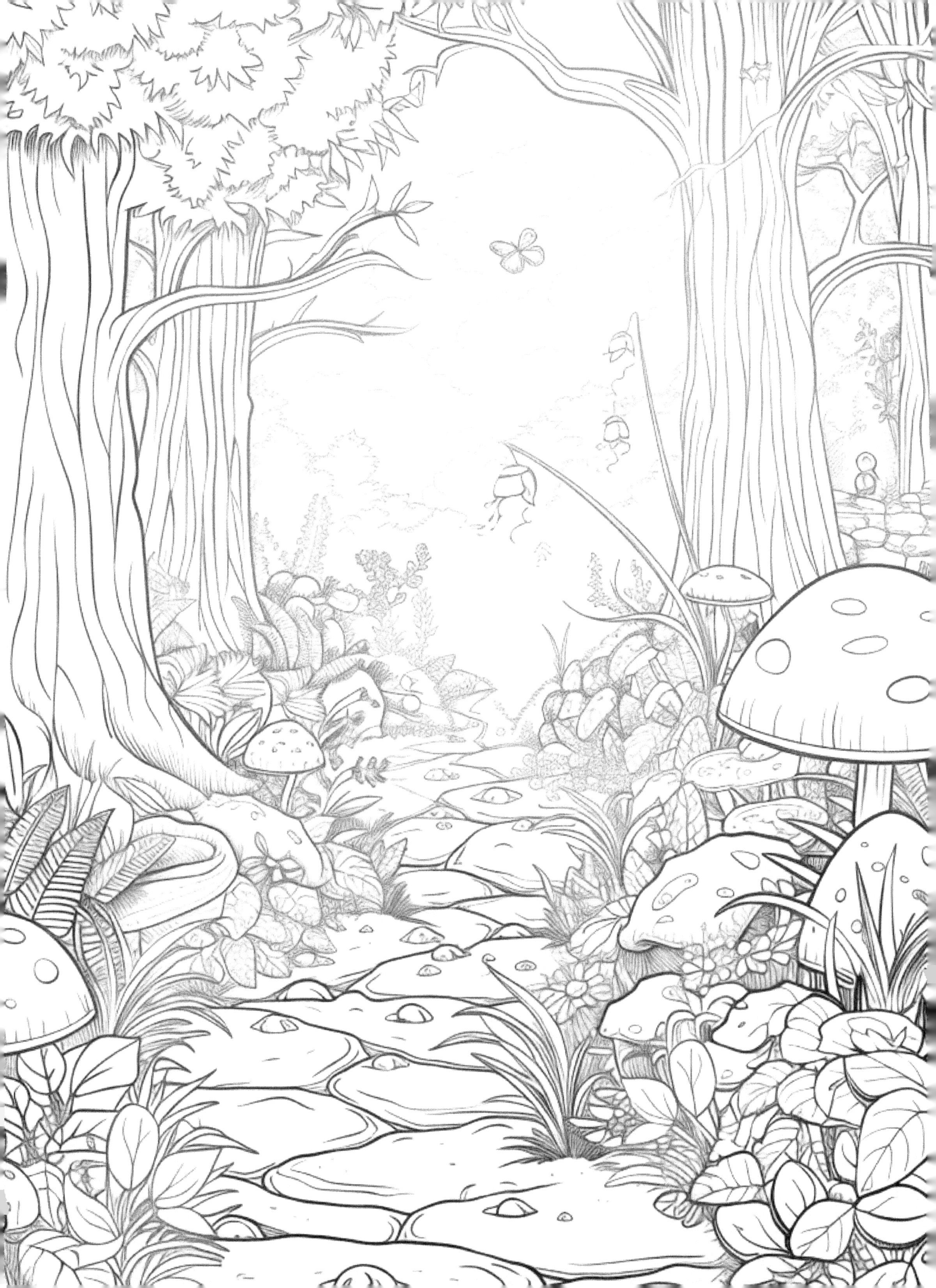

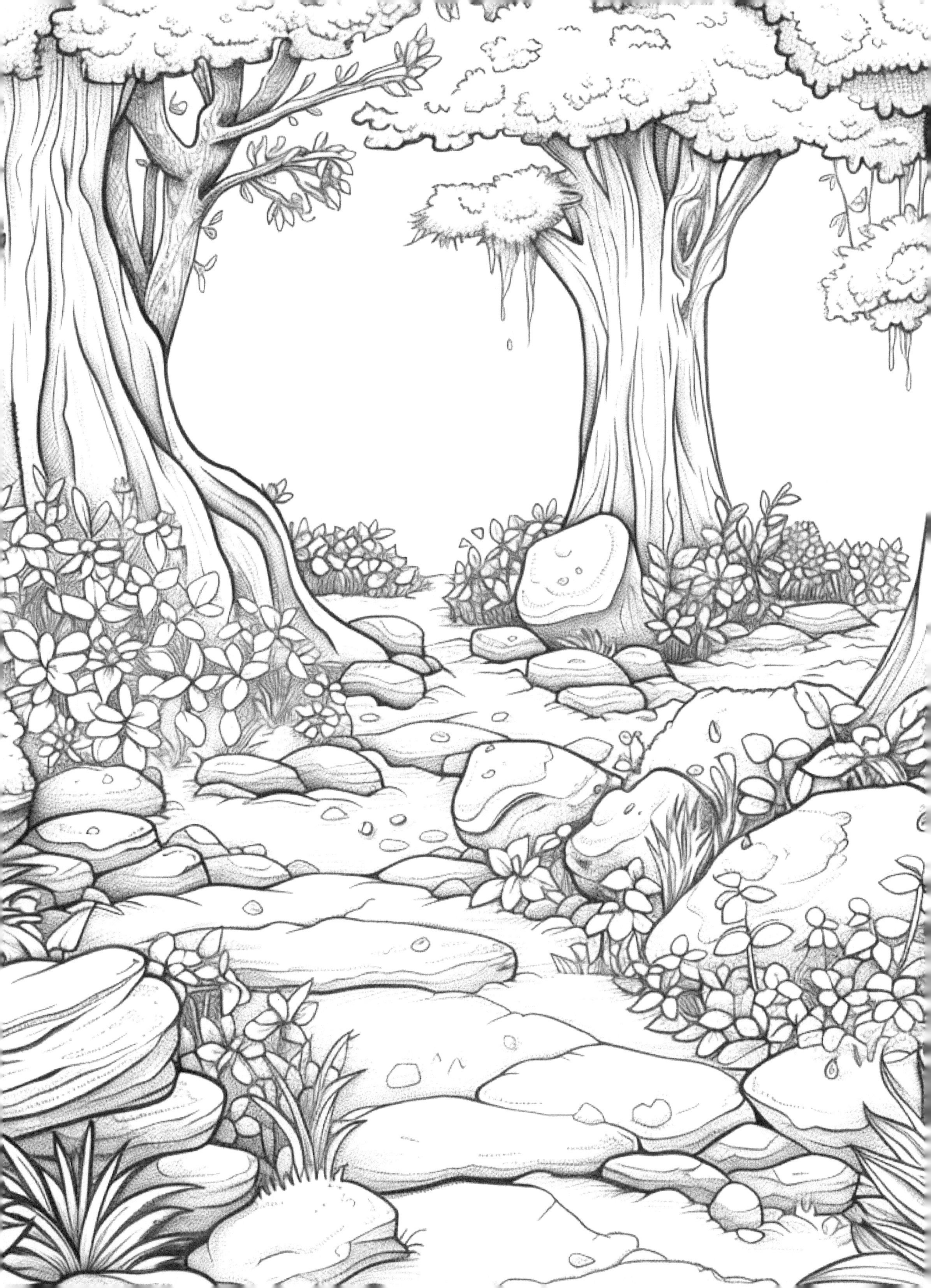

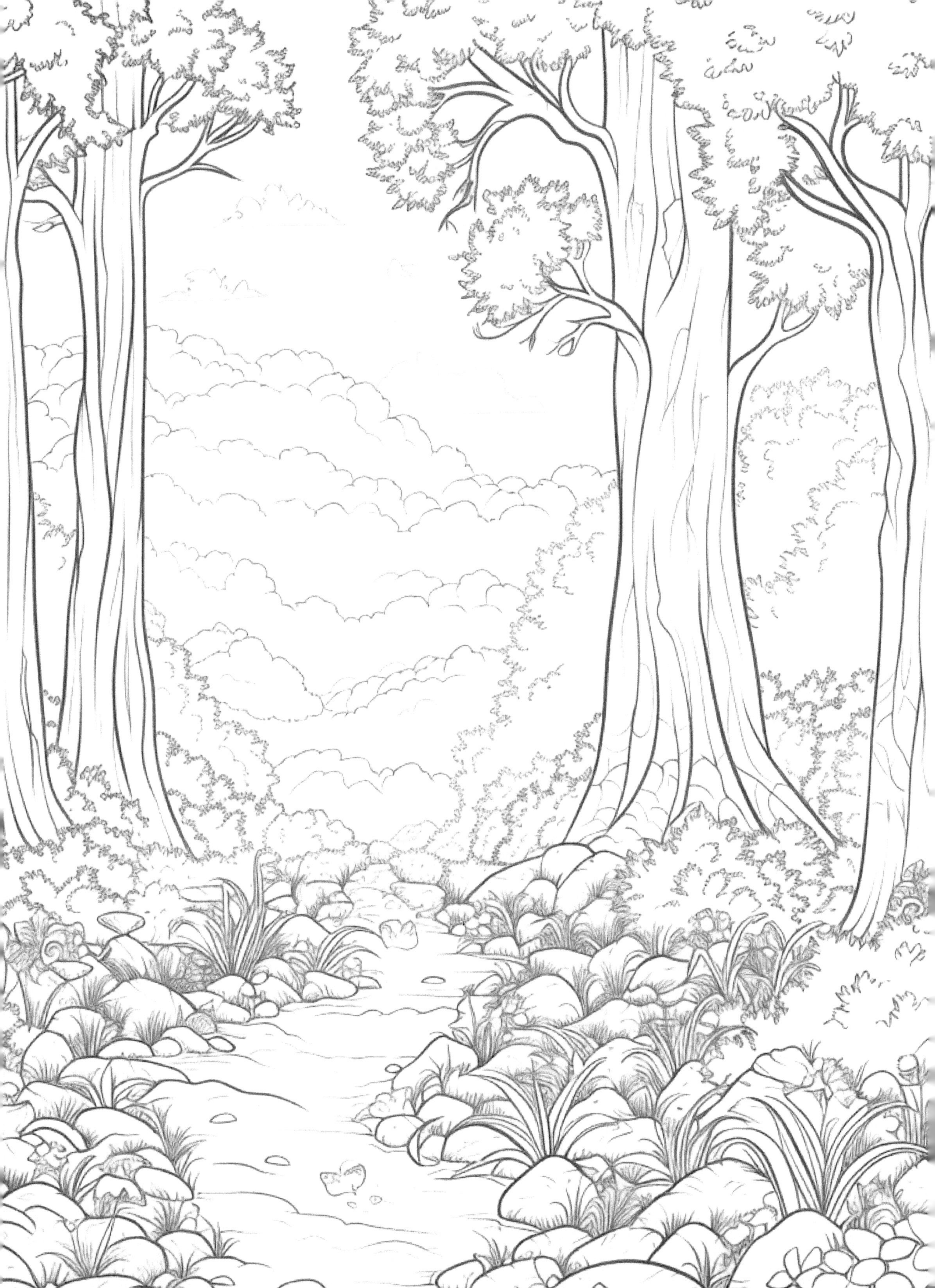

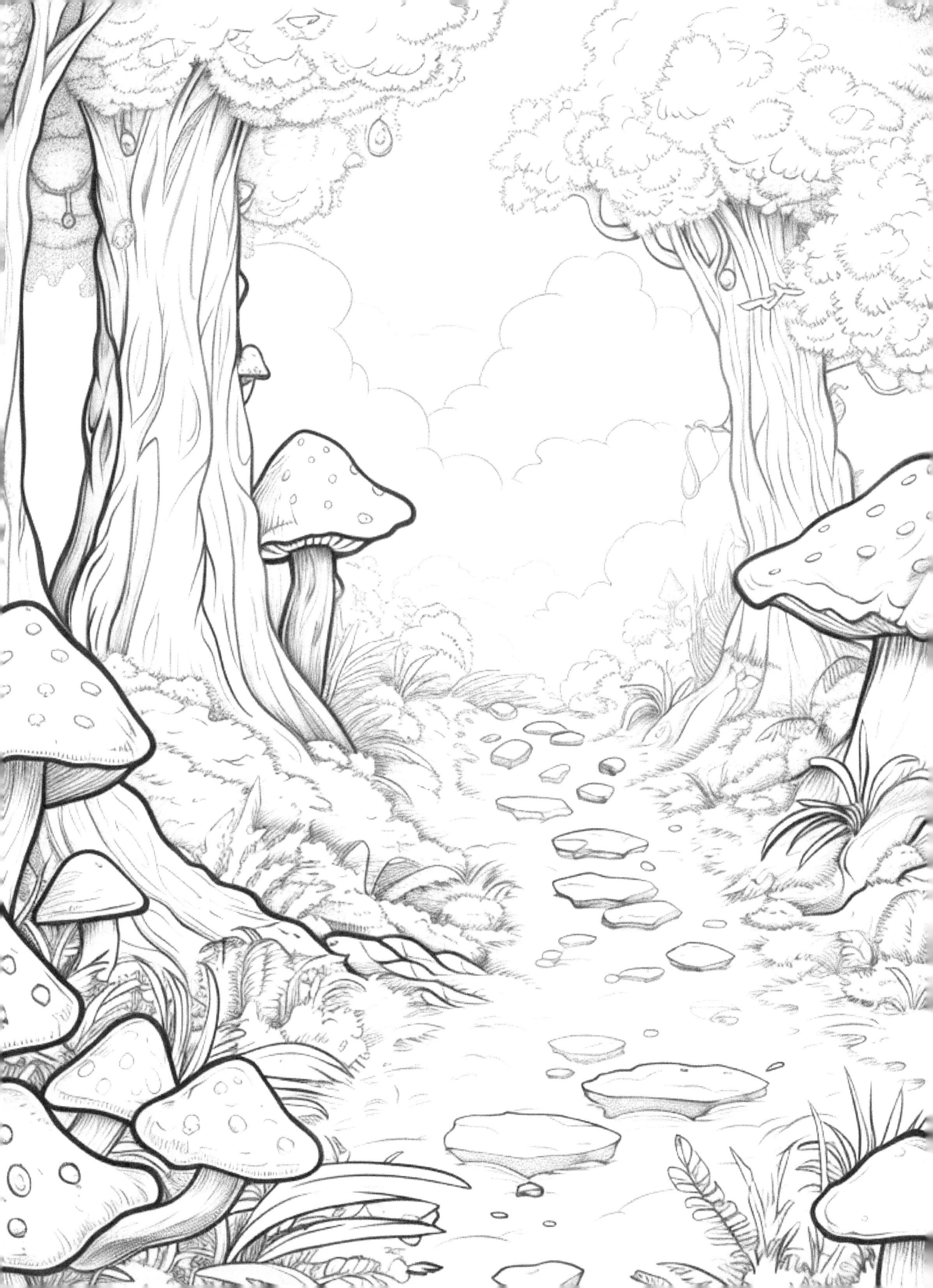

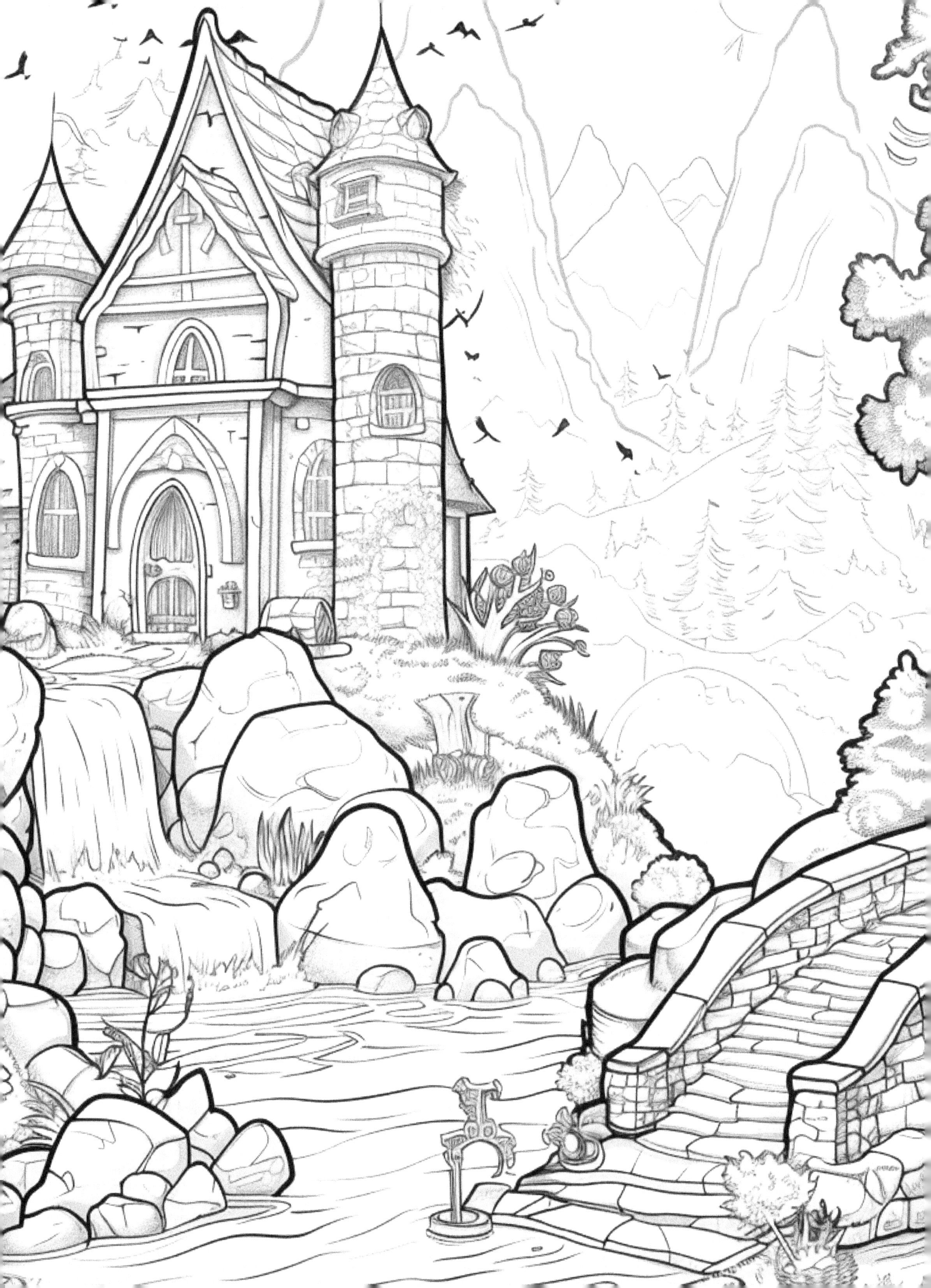

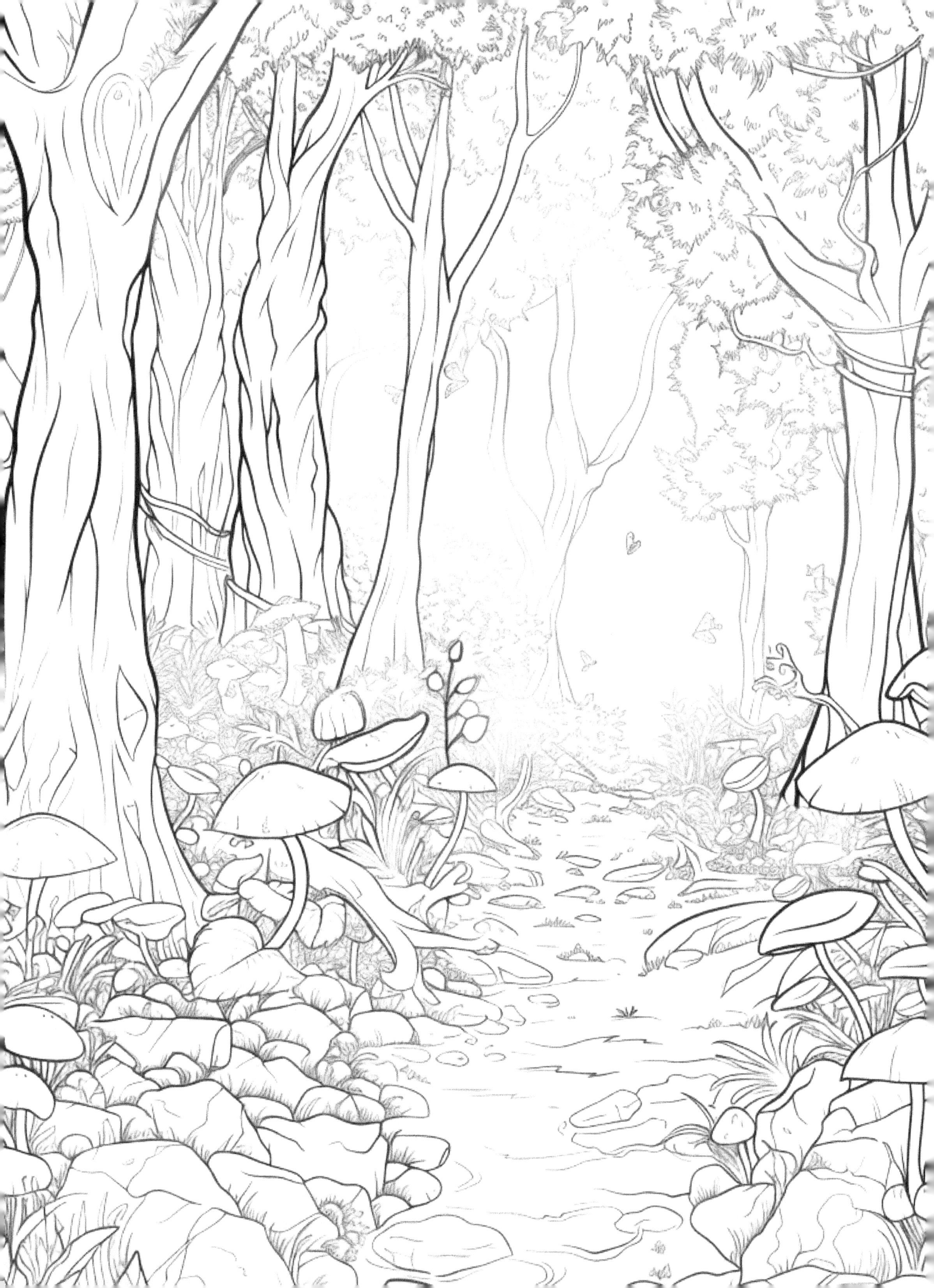

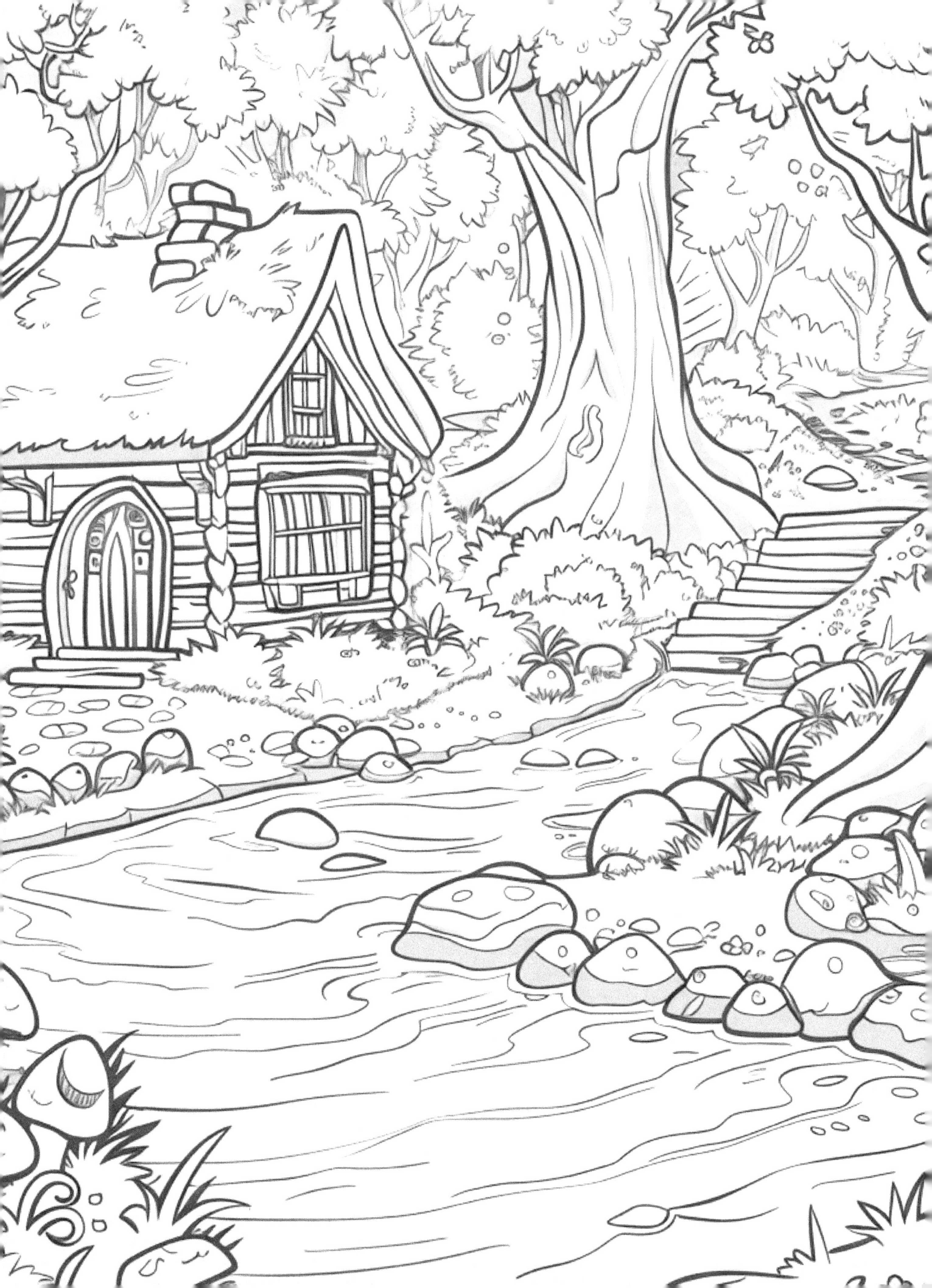

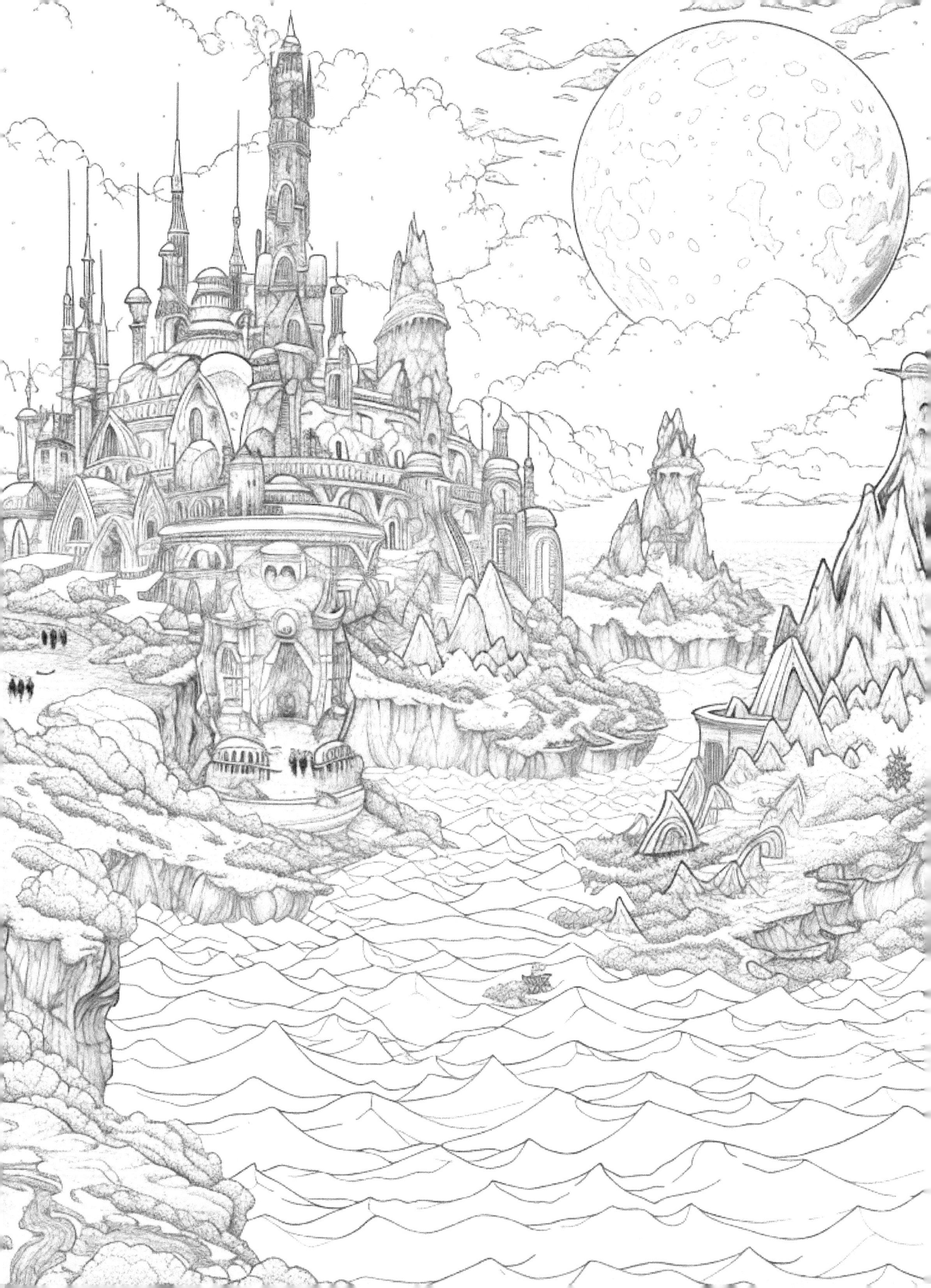

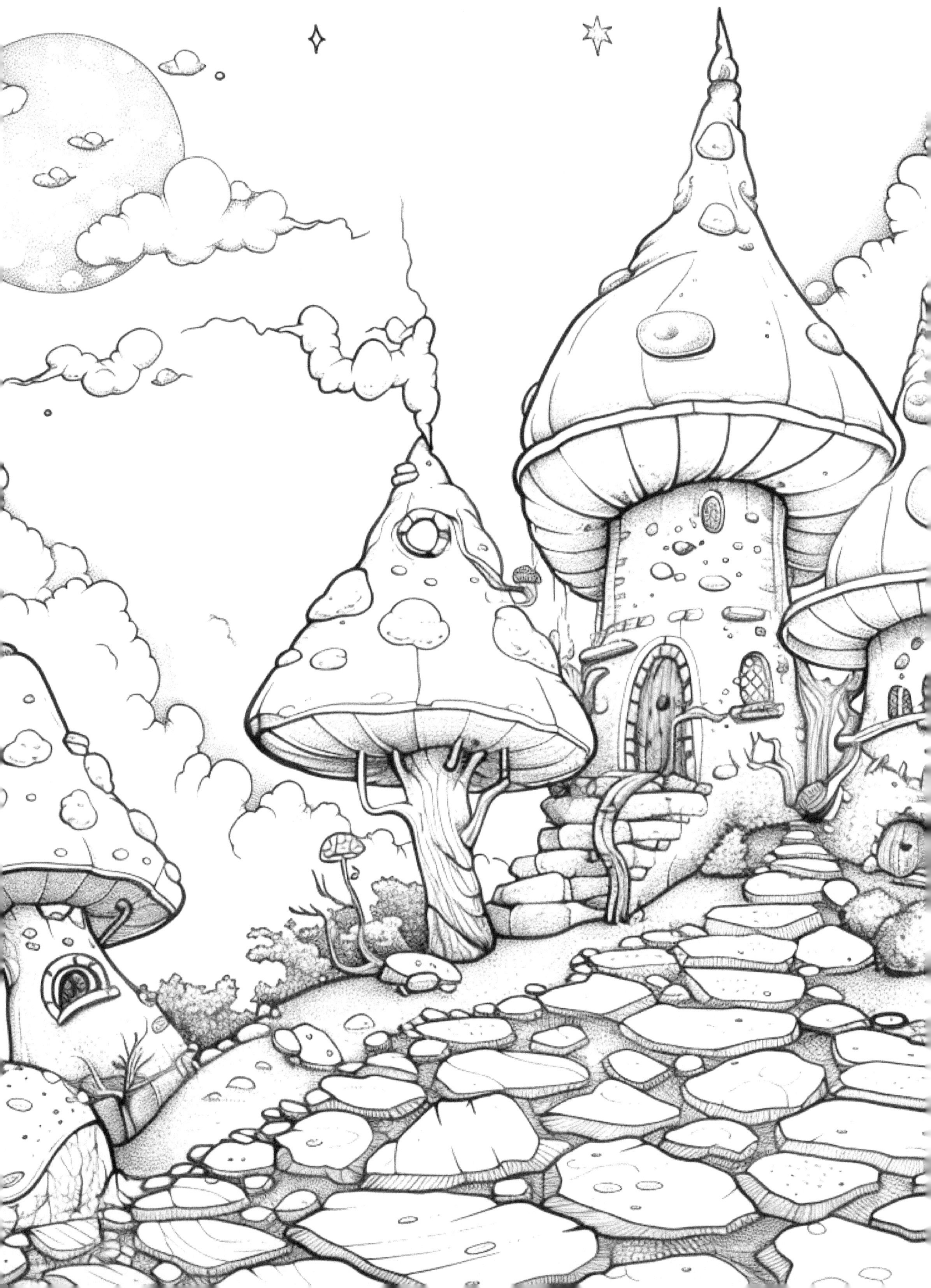

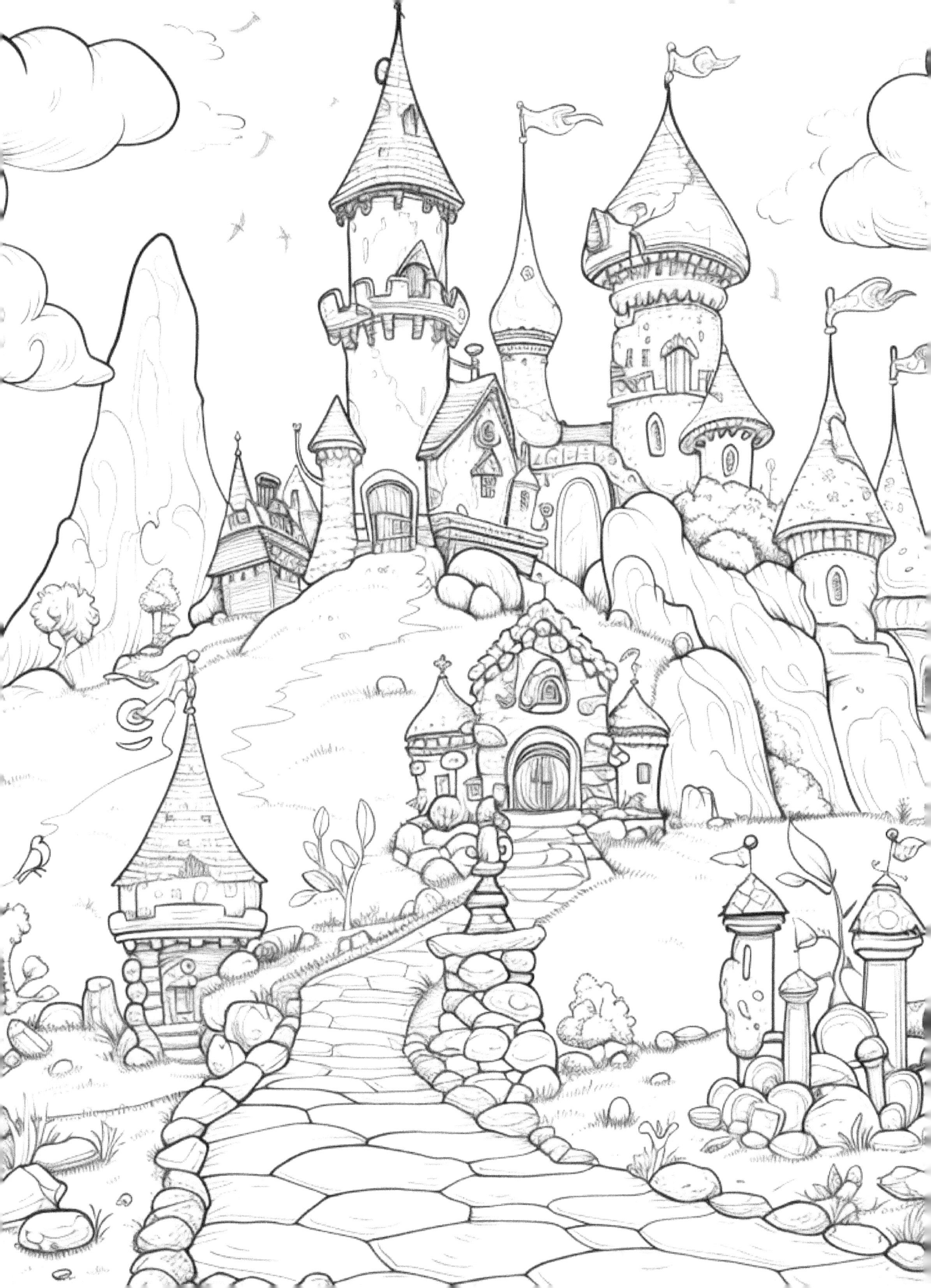

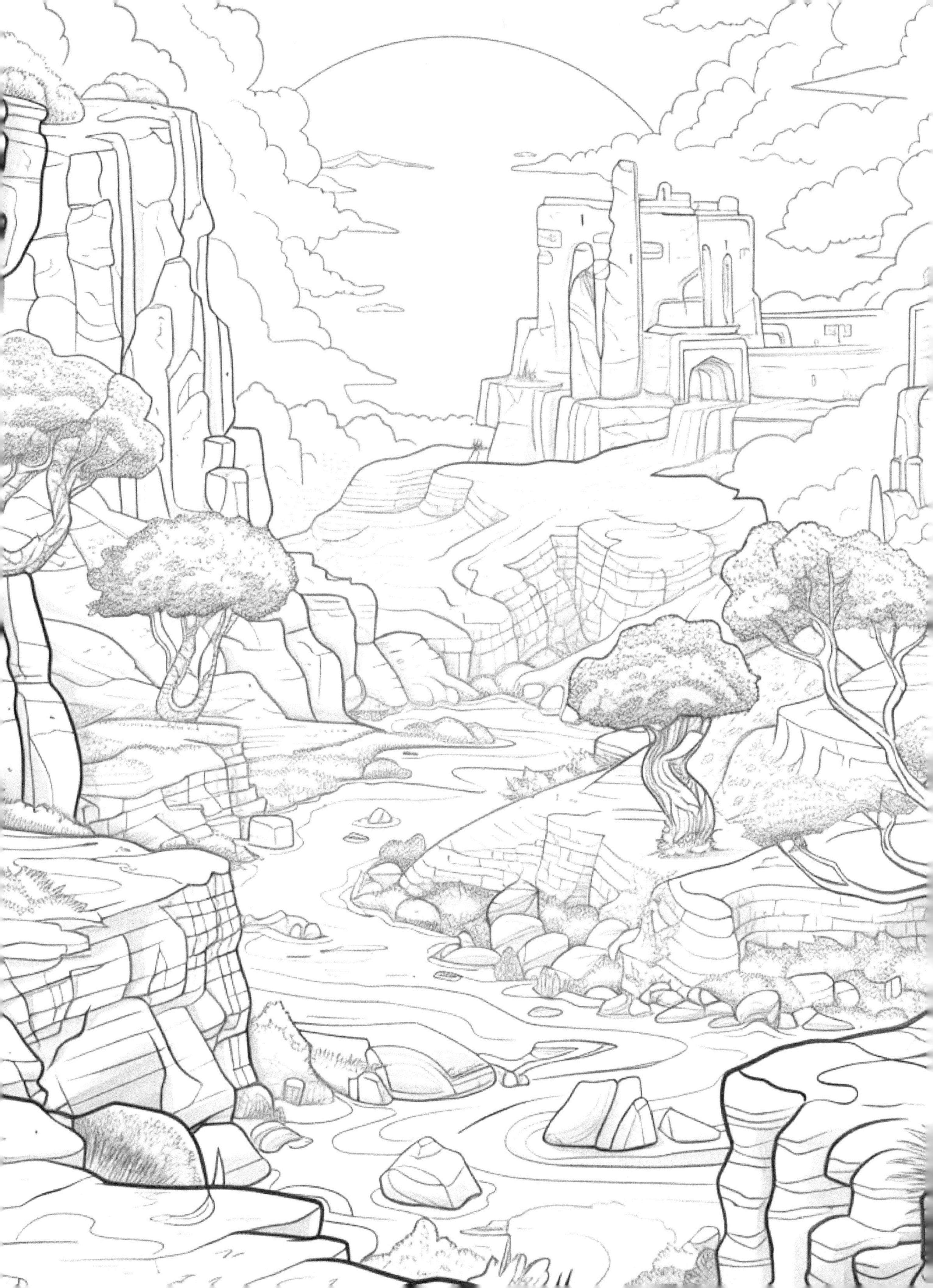

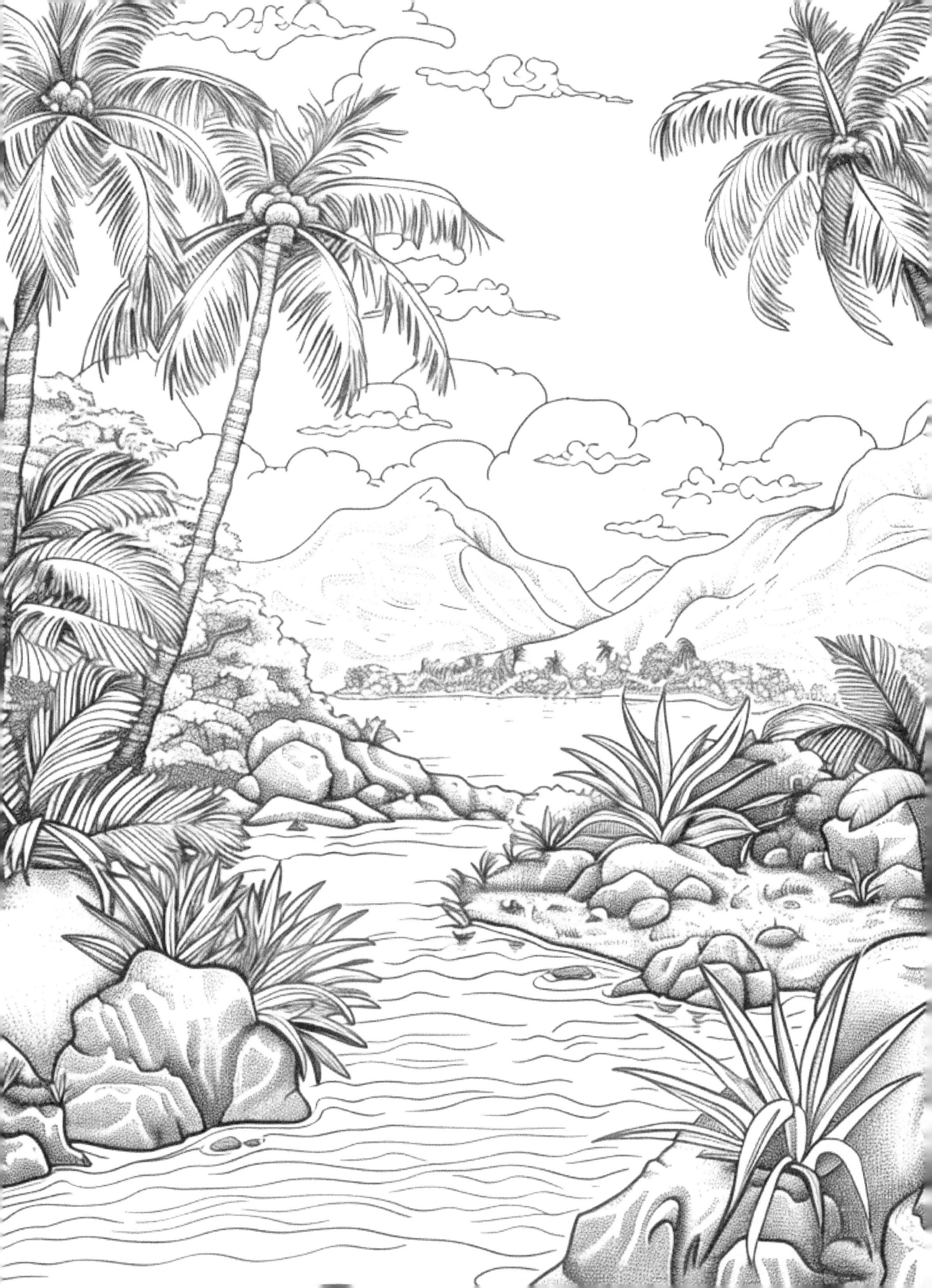

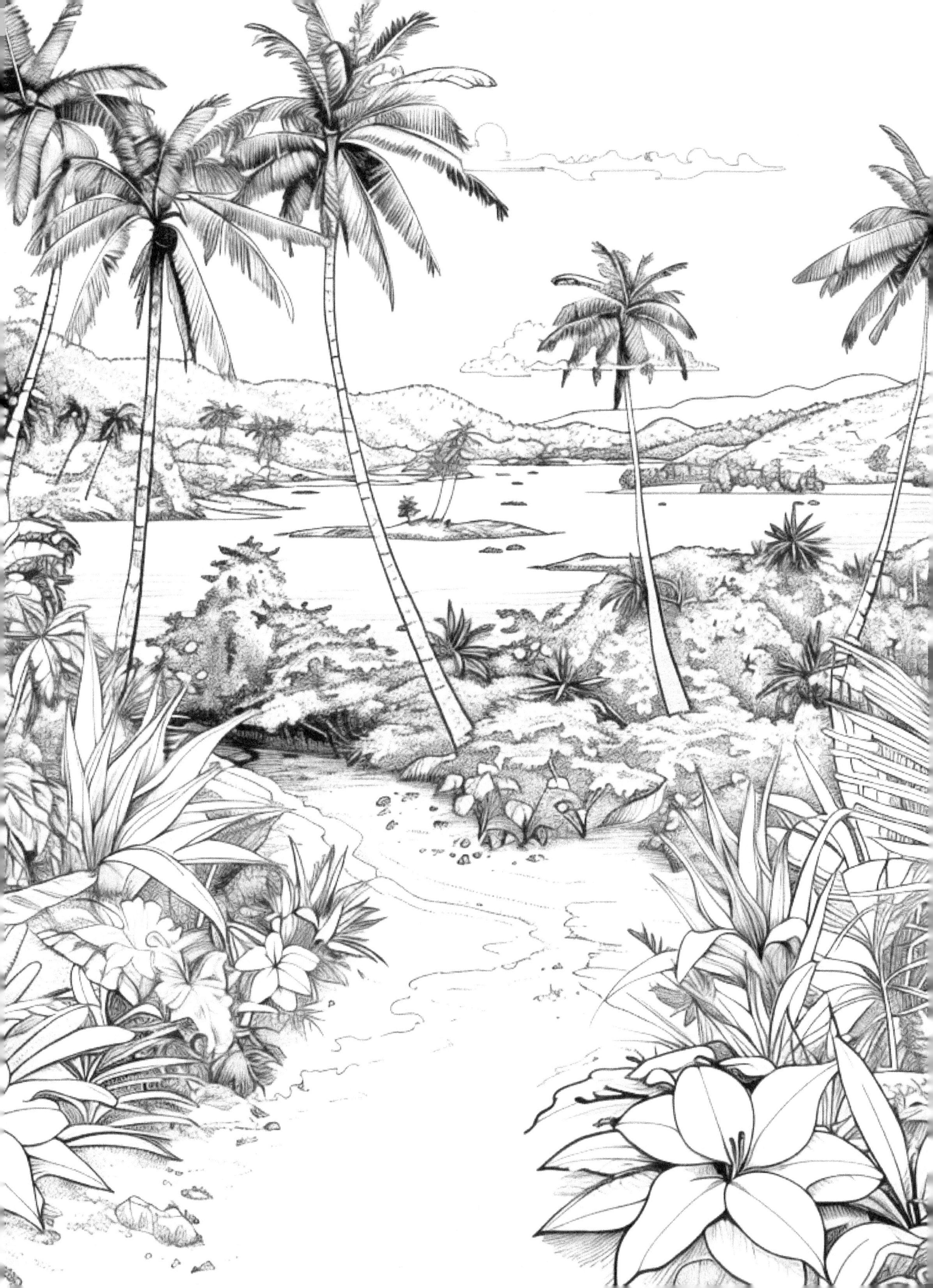

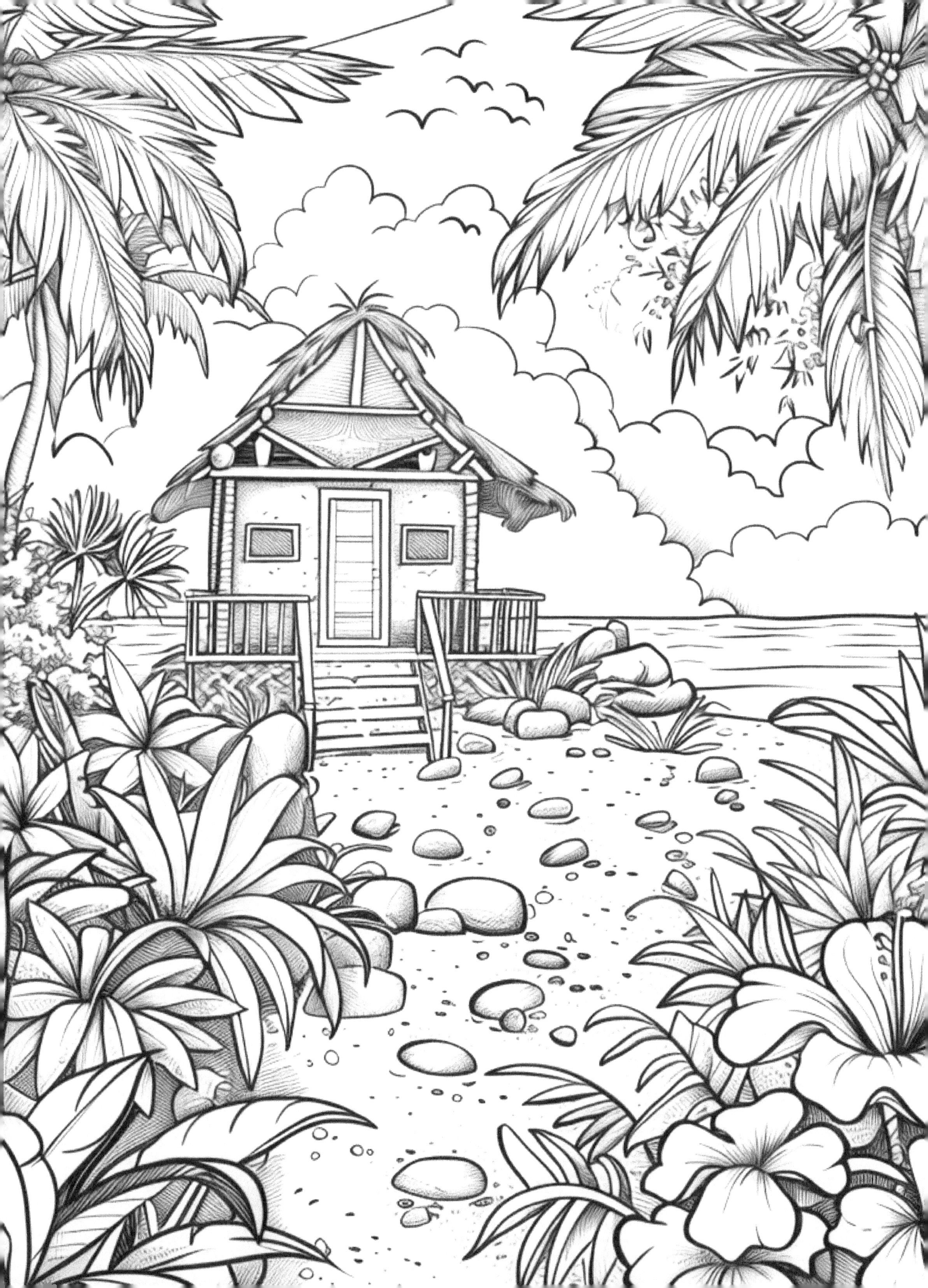

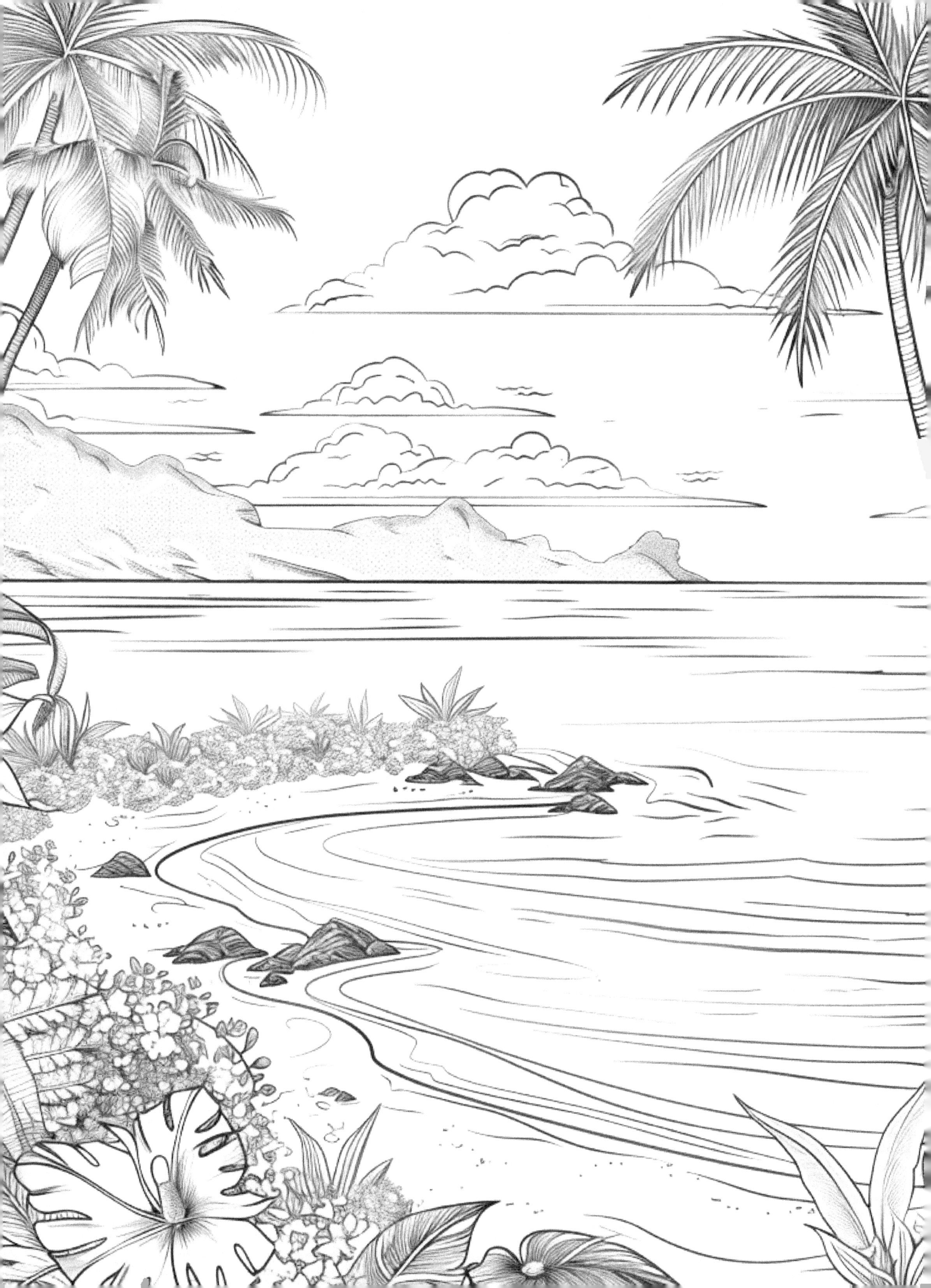

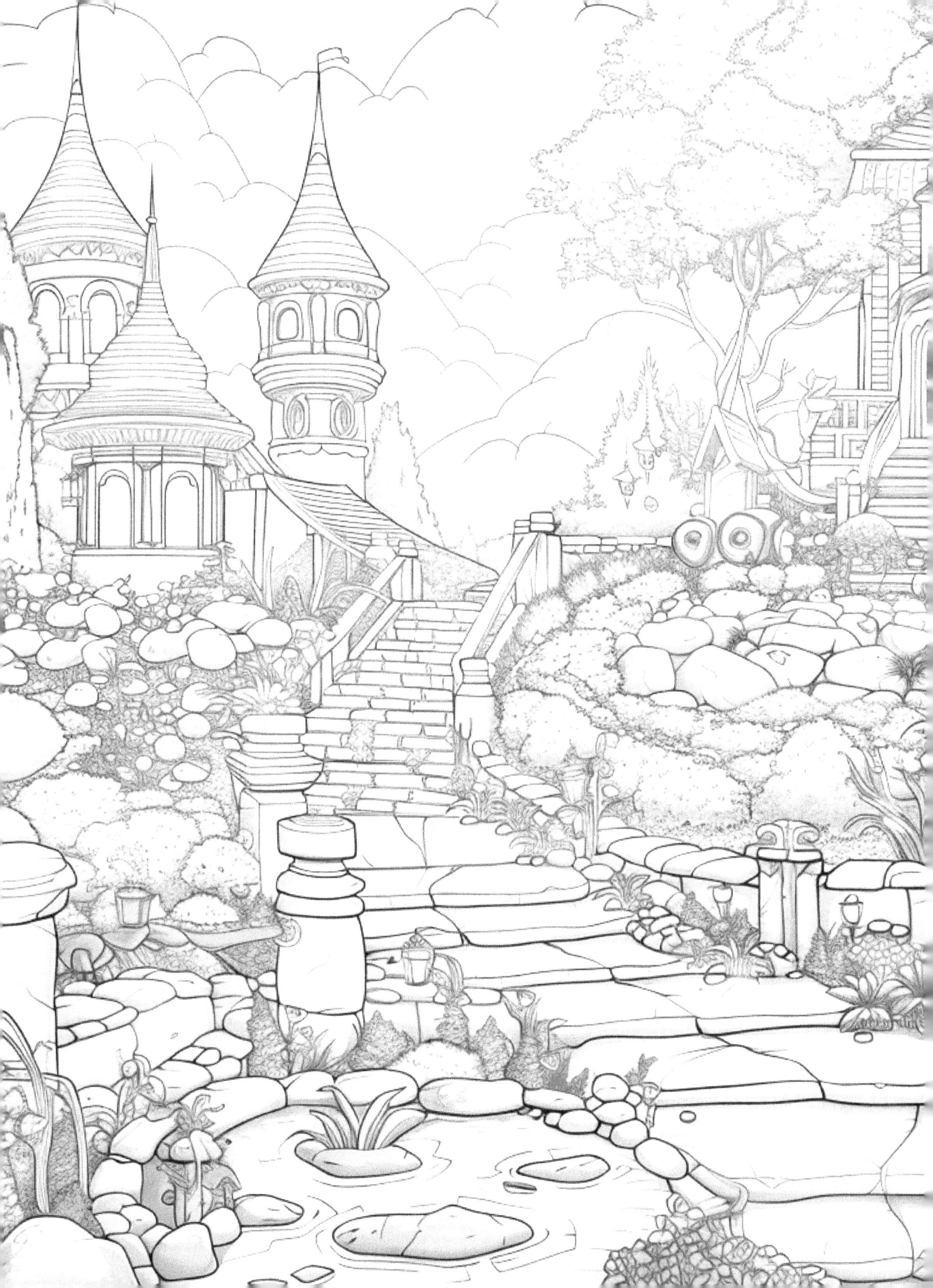

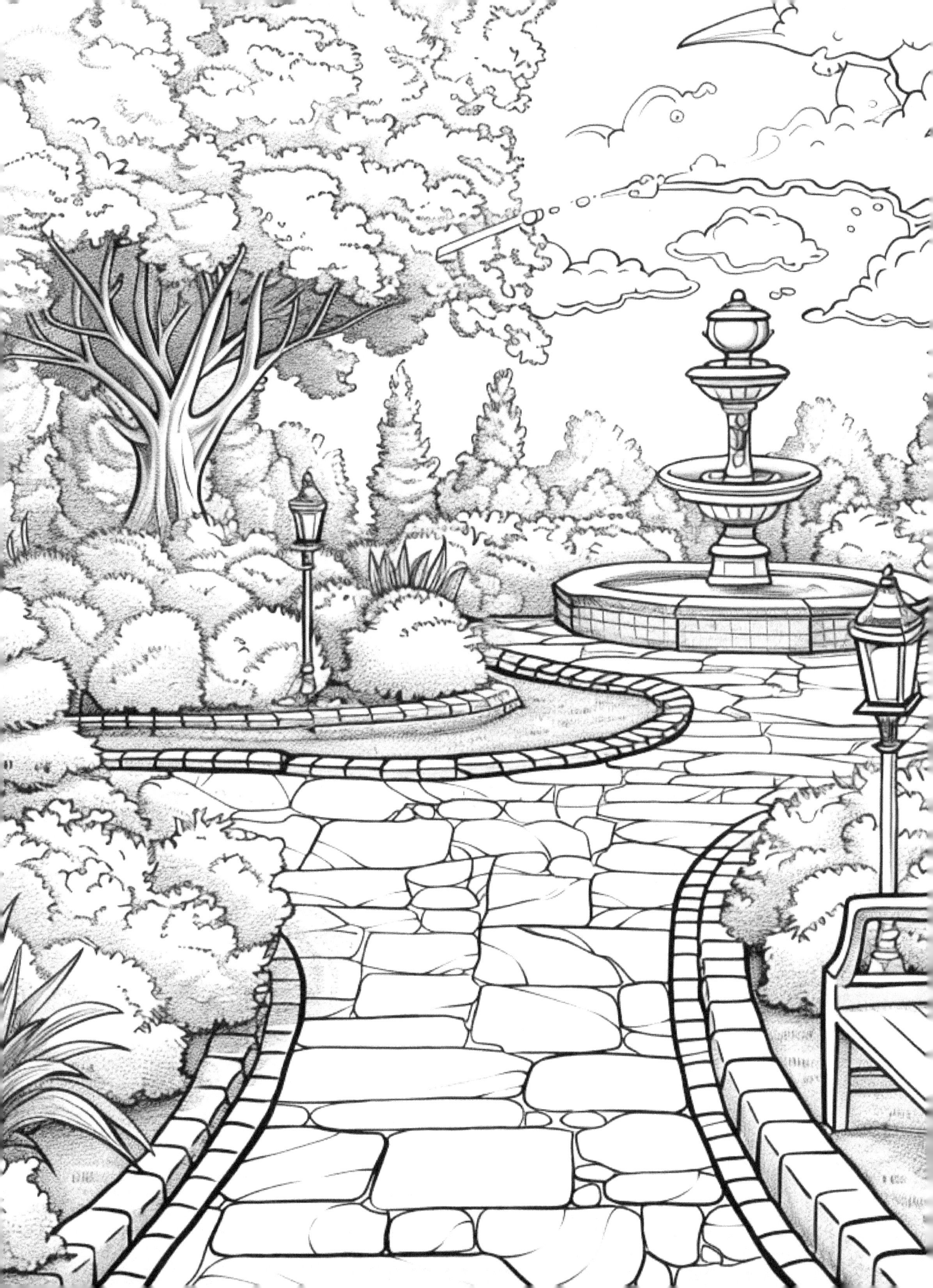

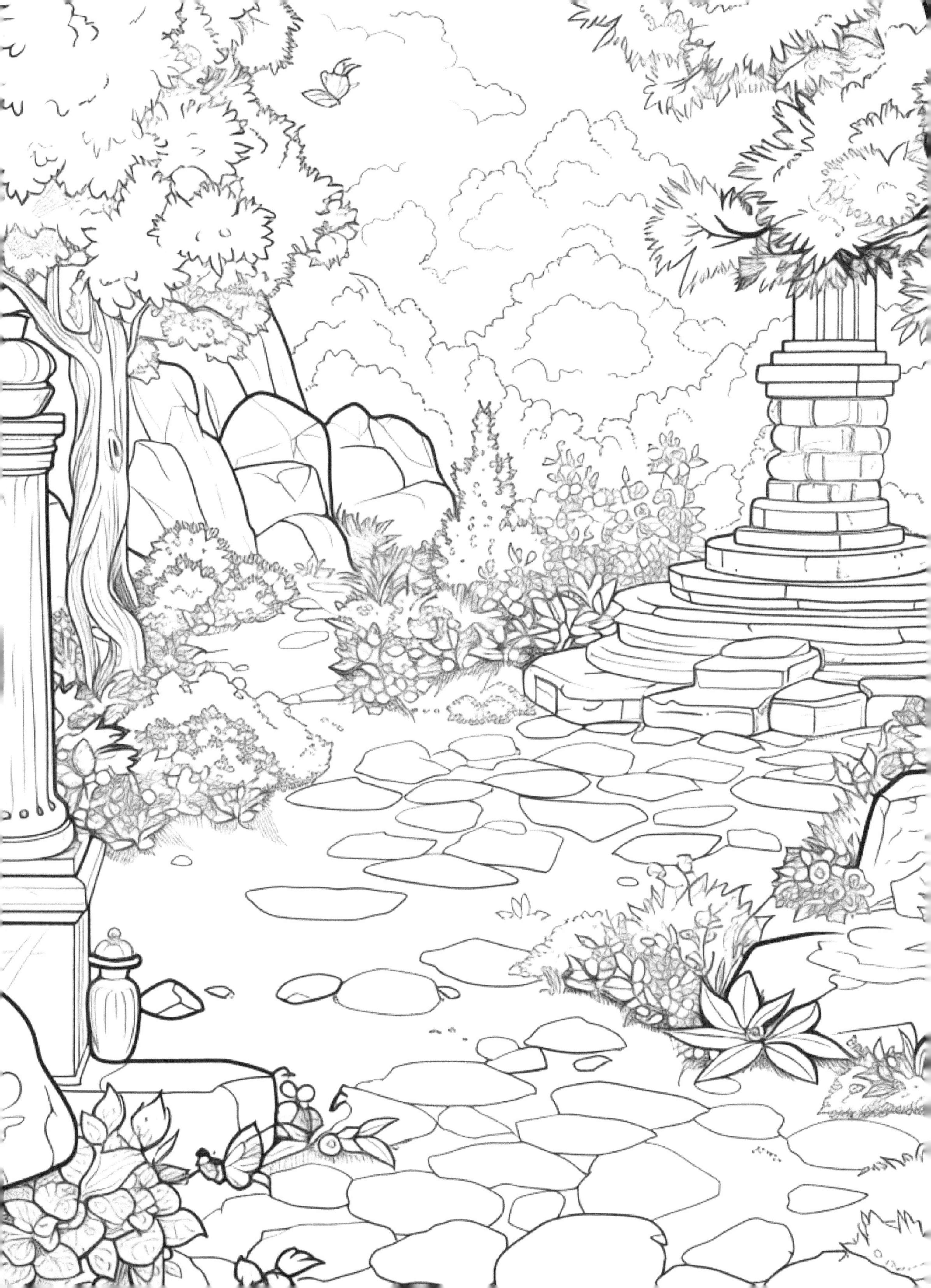

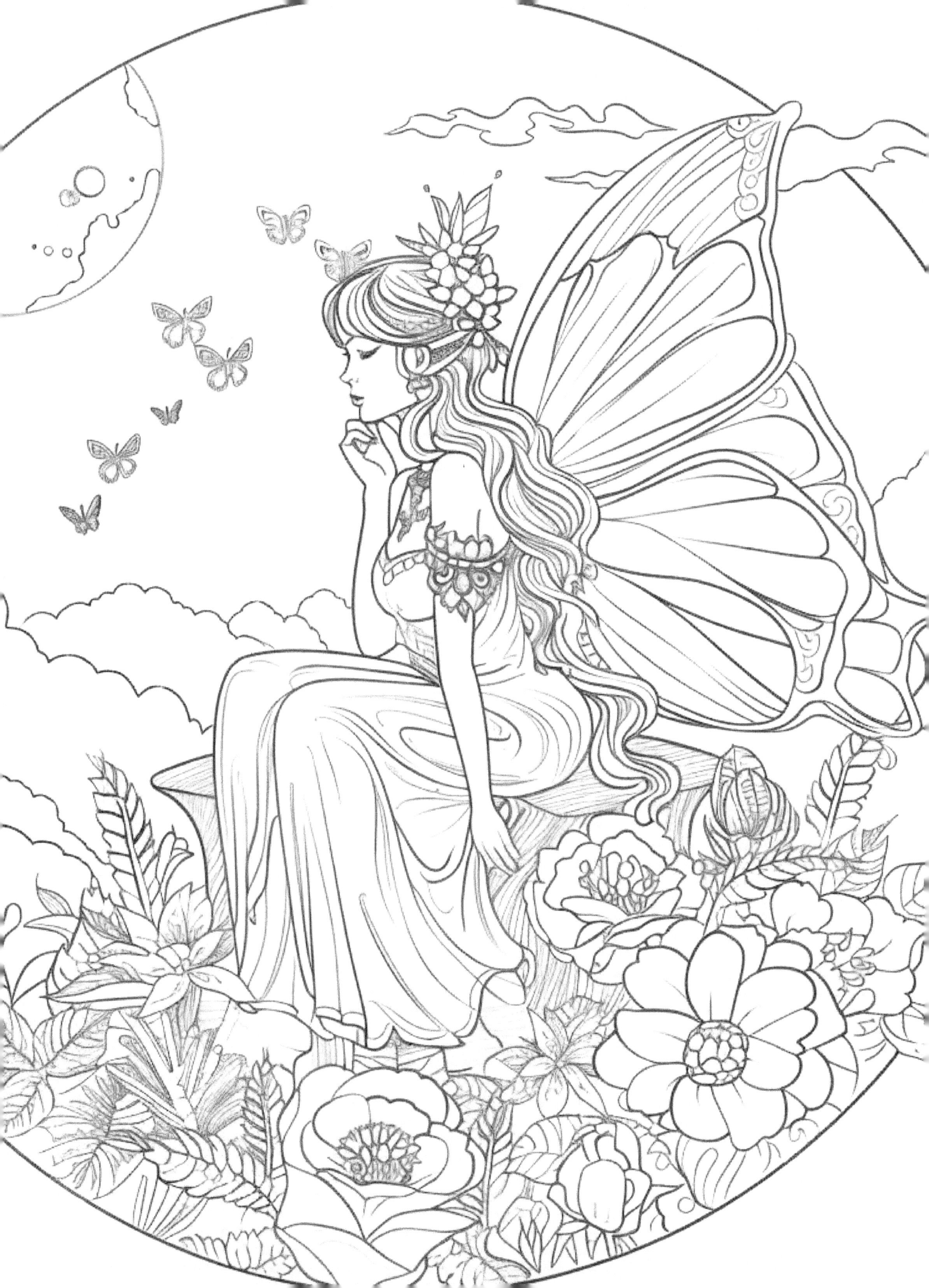

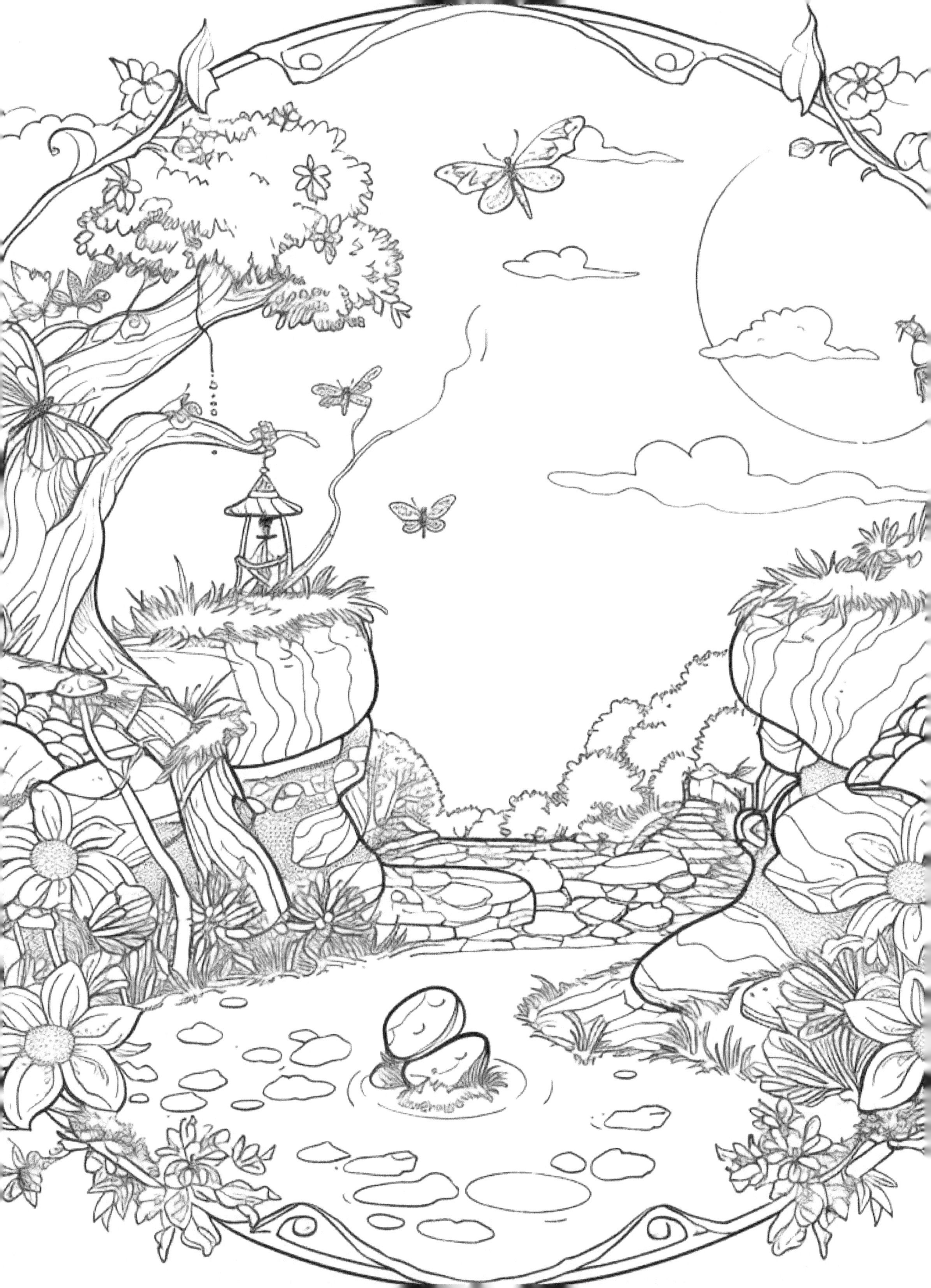

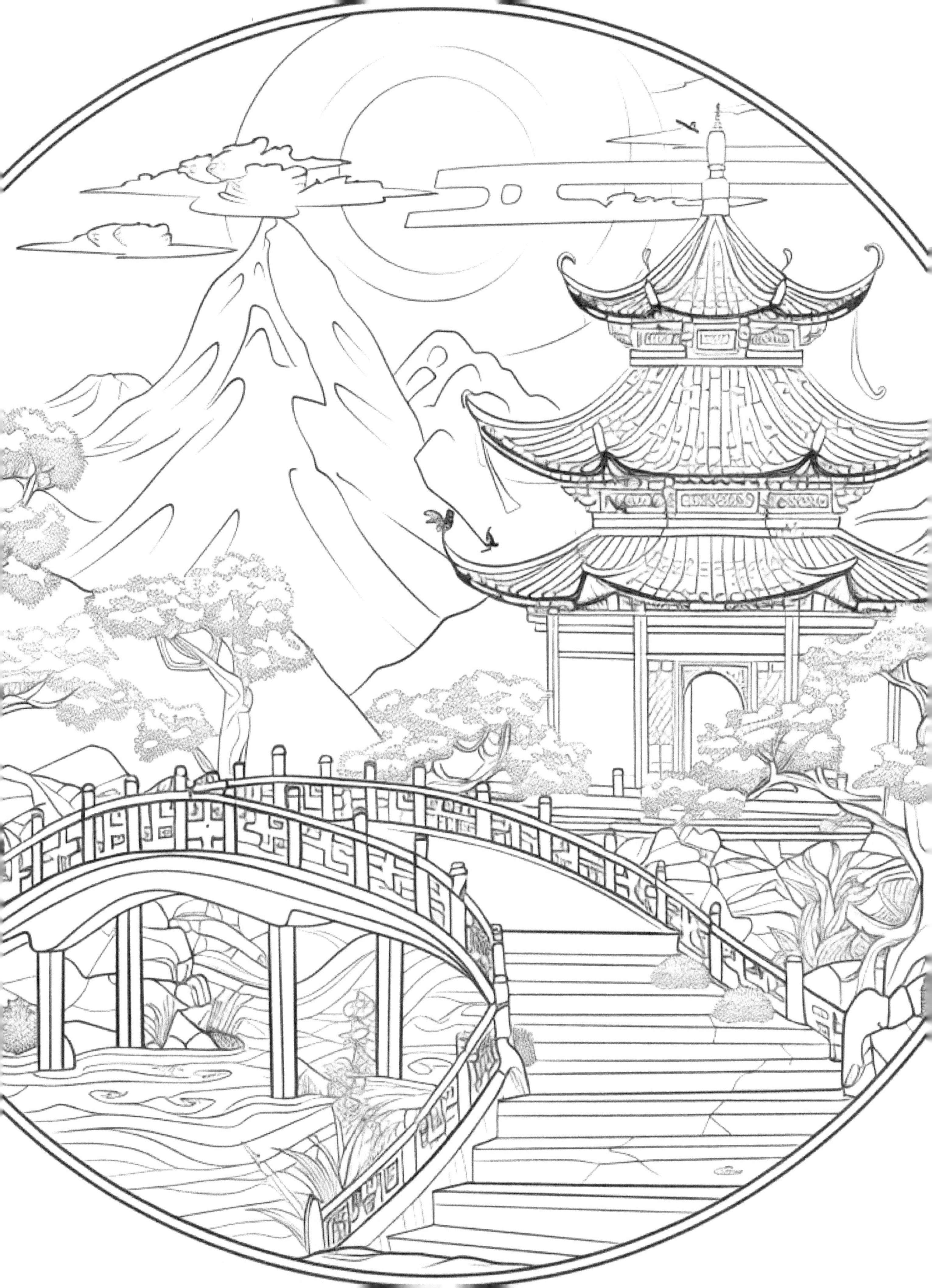

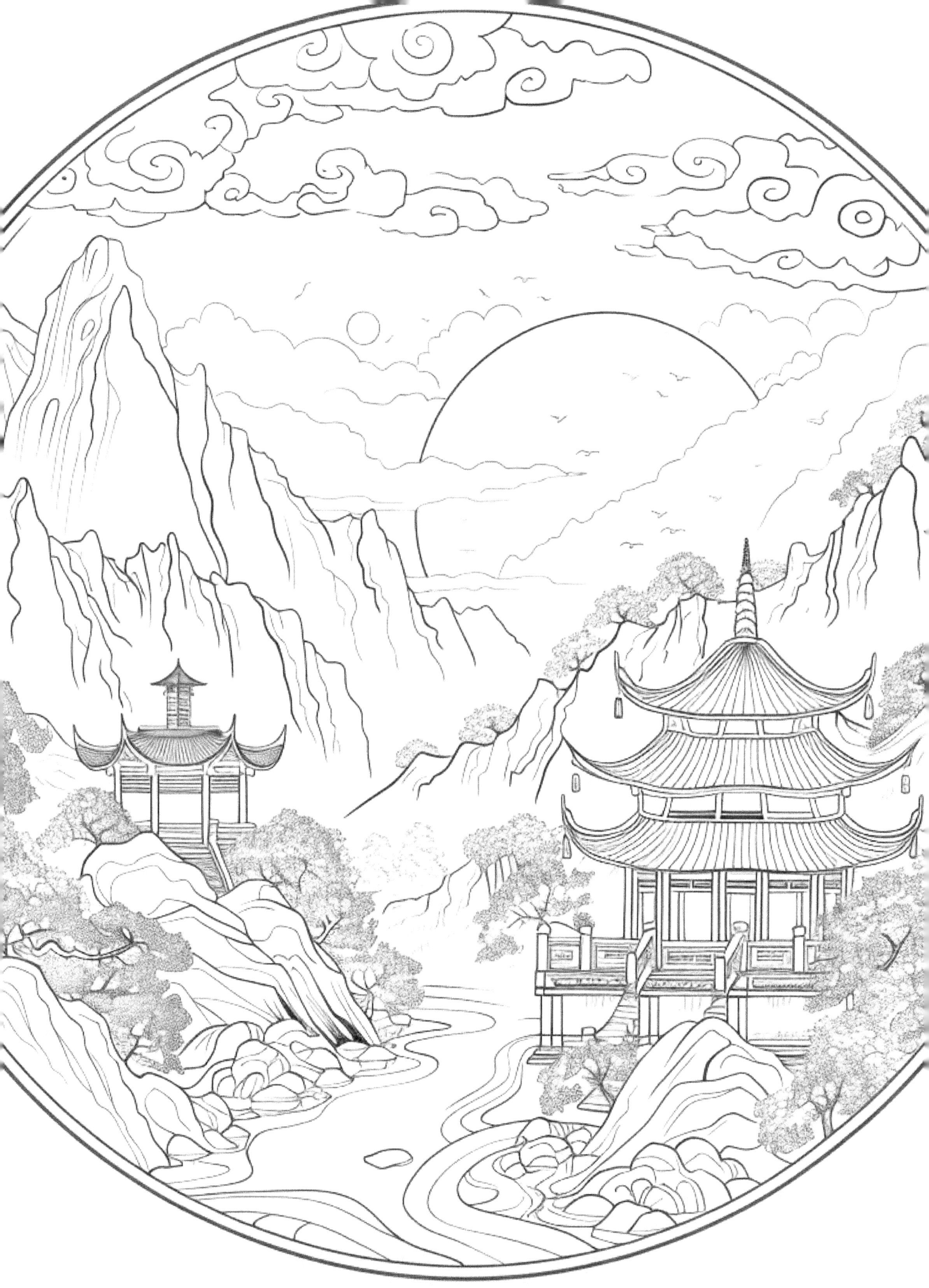

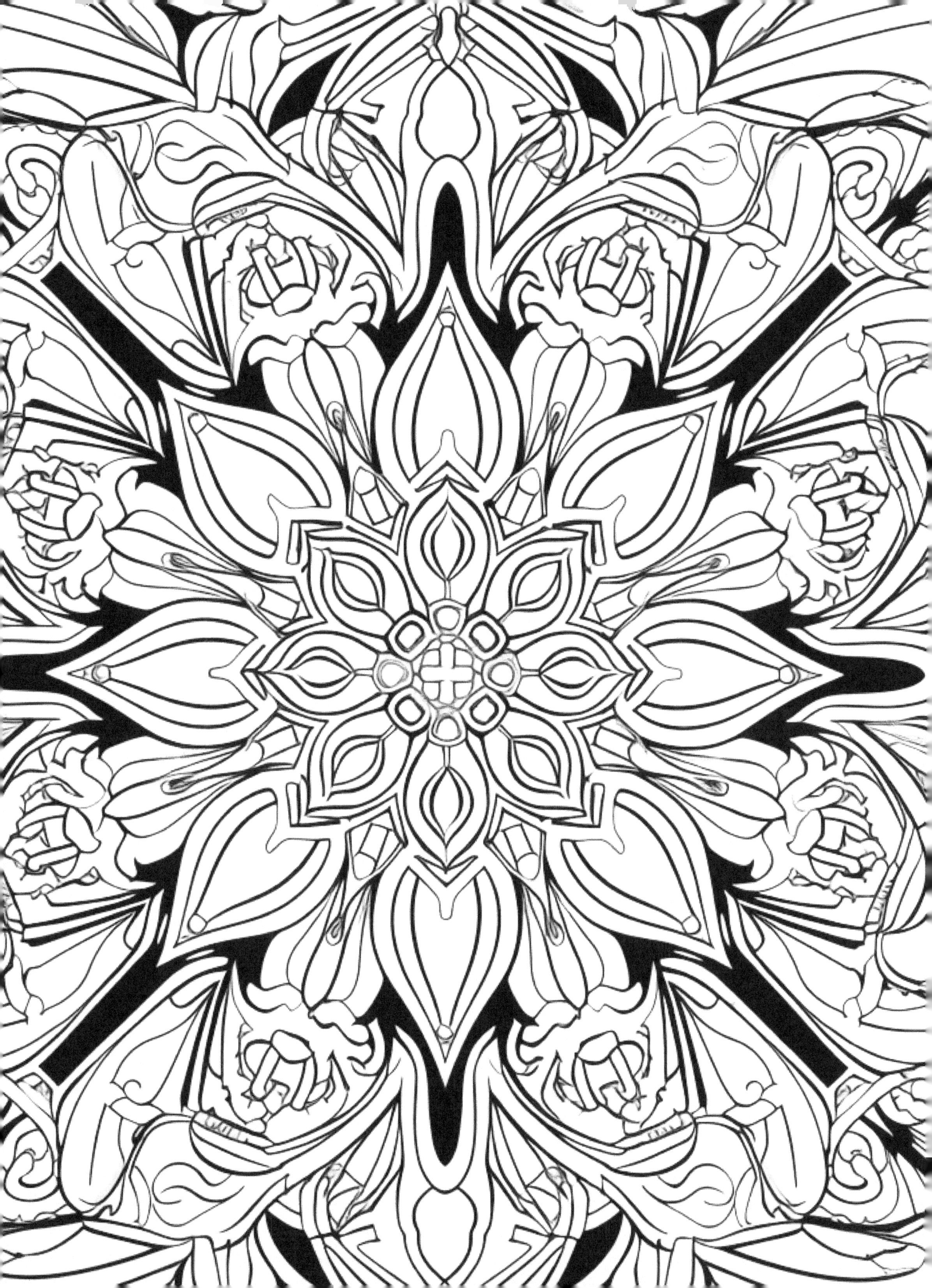

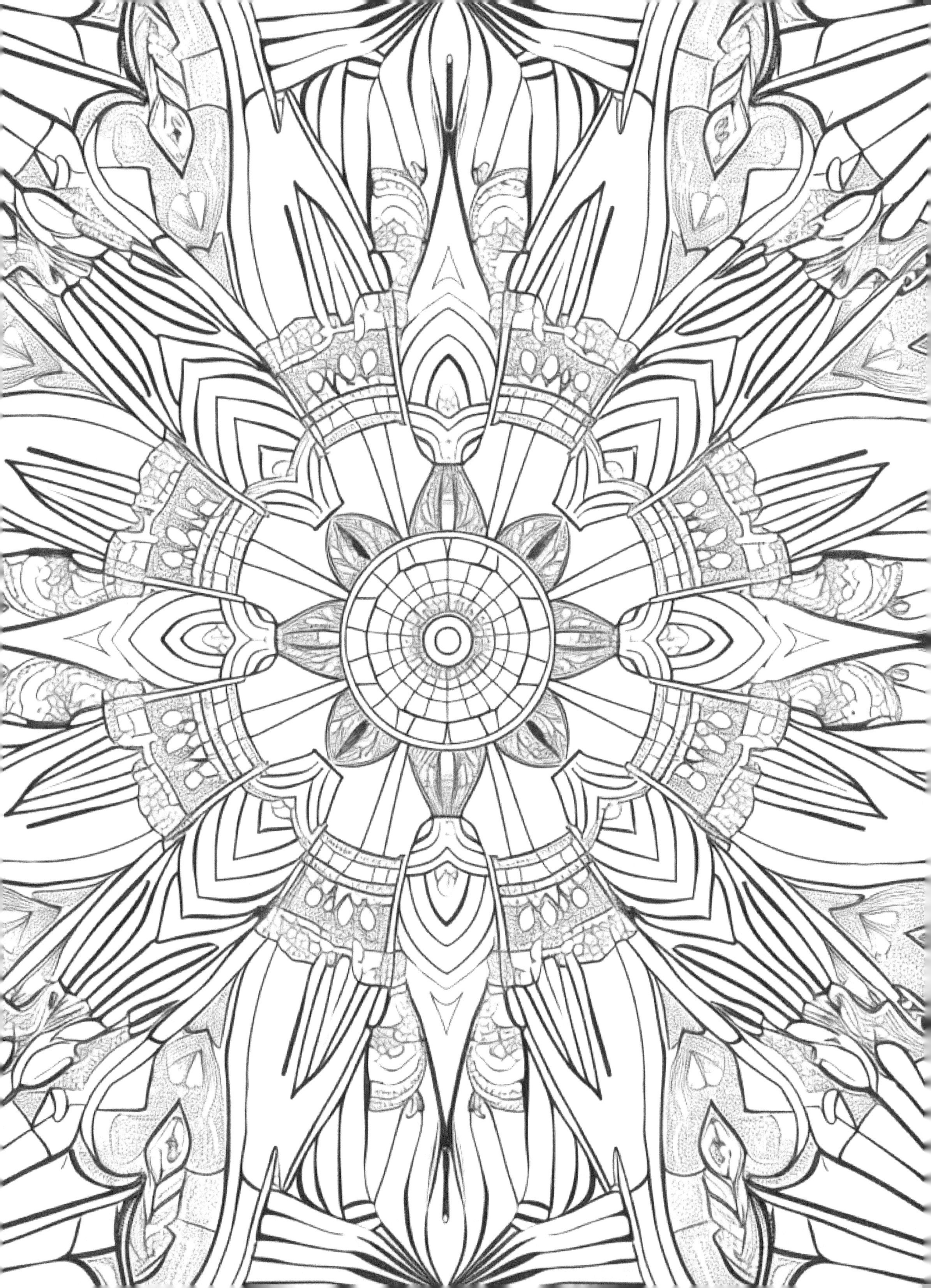

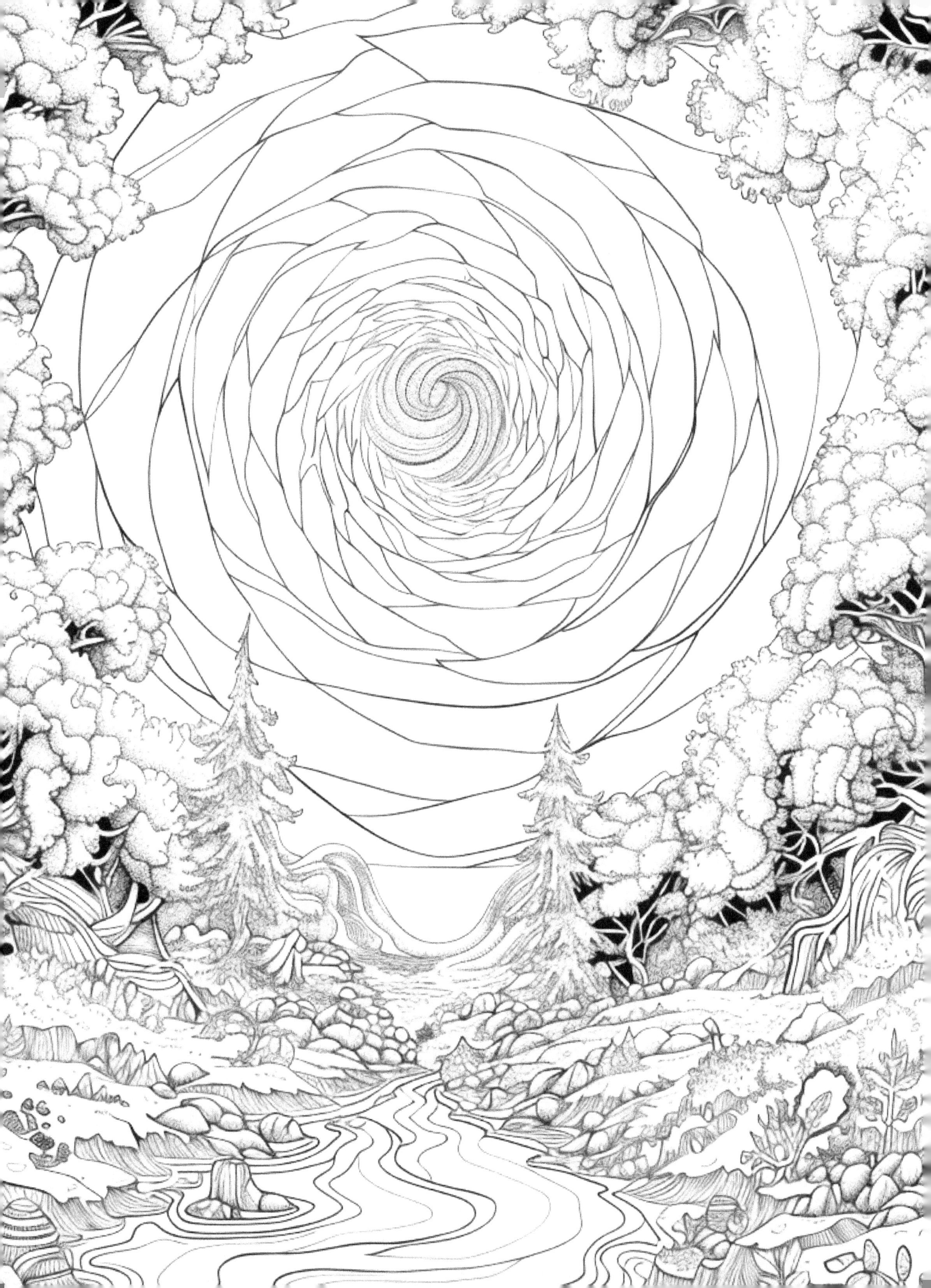

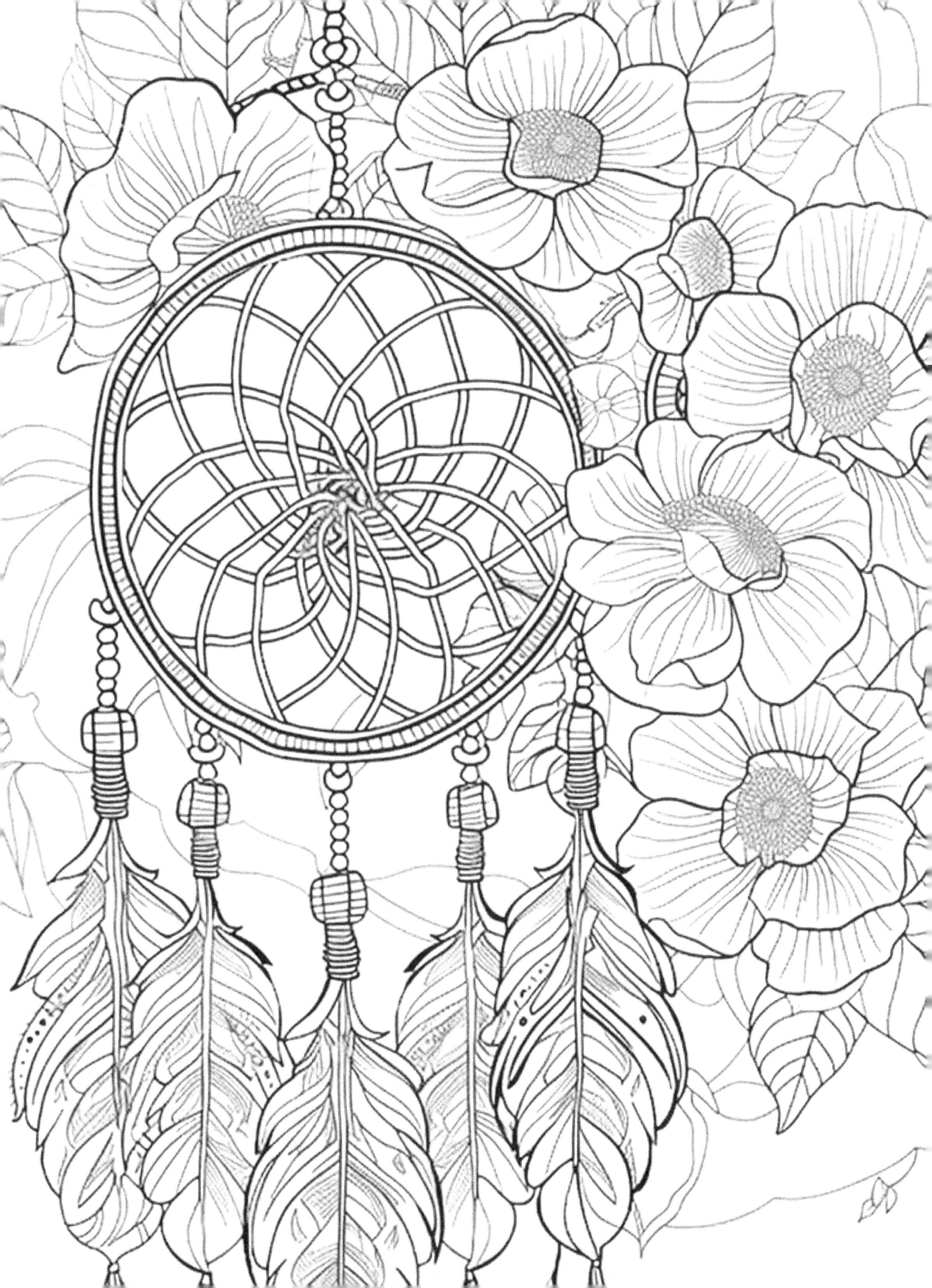

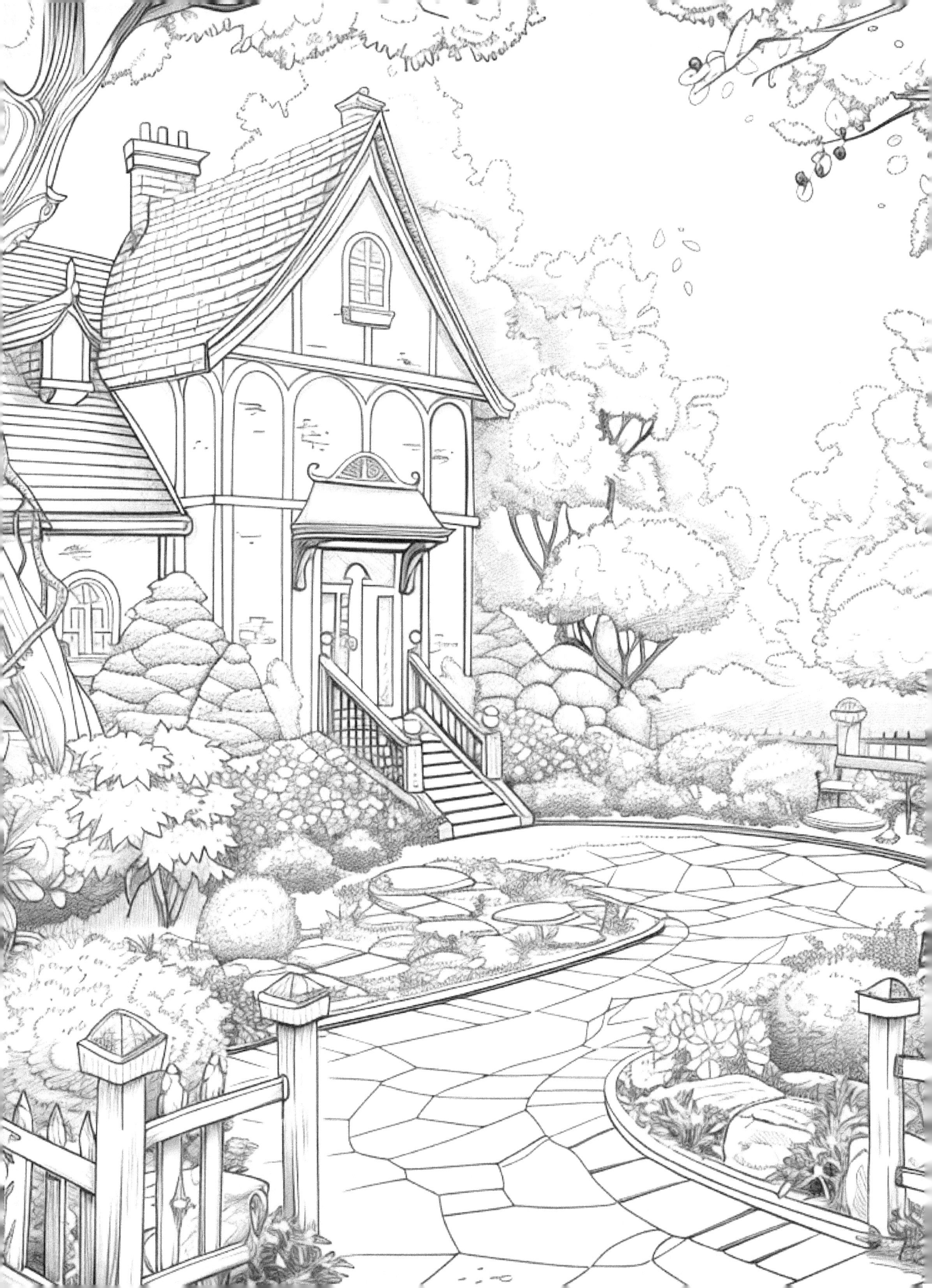

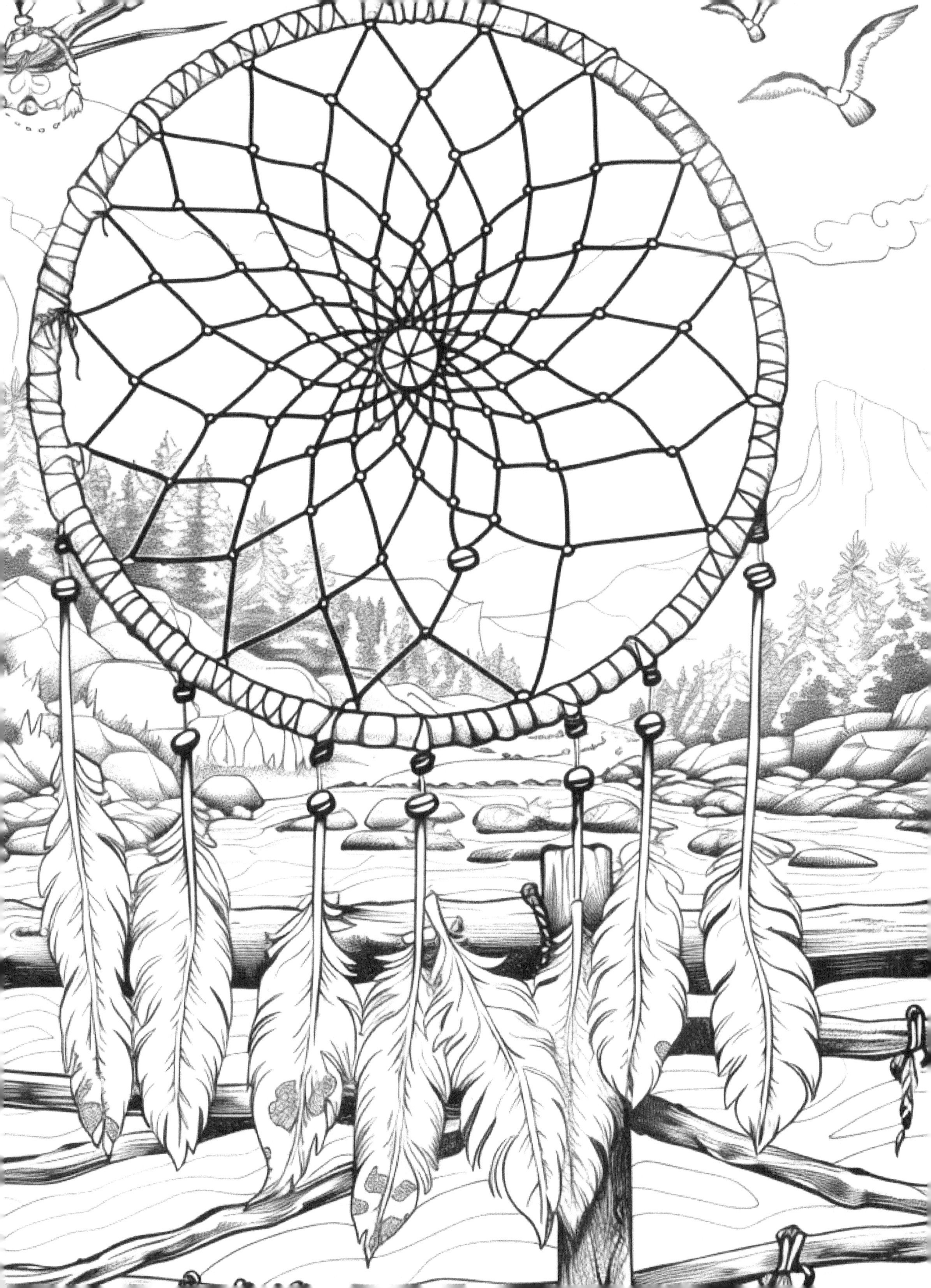